LE GUIDE DE LA MICRO-FERME FAMILIALE

Quitter la ville pour la campagne

“Rire, c’est risquer de paraître idiot. Pleurer, c’est risquer de paraître sentimental. Aller vers quelqu’un, c’est risquer de s’engager. Exposer ses sentiments, c’est risquer d’exposer son moi profond. Présenter ses idées, ses rêves à la foule, c’est risquer de les perdre. Aimer, c’est risquer de ne pas être aimé en retour. Vivre, c’est risquer de mourir. Espérer, c’est risquer de désespérer. Essayer, c’est risquer d’échouer. Mais il faut prendre des risques car le plus grand danger de la vie, c’est de ne rien risquer du tout. Celui qui ne risque rien ne fait rien, n’a rien, n’est rien. Il peut éviter la souffrance et la tristesse mais il n’apprend rien, ne ressent rien, ne peut ni changer ni se développer, ne peut ni aimer ni vivre. Enchaîné par sa certitude, il abandonne sa liberté.”

Auteur inconnu

Dépôt légal : avril 2021

www.rusticaeditions.com

Linda Bedouet
Stéphanie Maubé et Claire Mauquié

LE GUIDE DE LA MICRO-FERME FAMILIALE

Quitter la ville pour la campagne

Préfacé par Mouts, réalisateur et voyageur de *Nus & Culottés*

Rustica éditions

SOMMAIRE

PRÉFACE

En 2010, mon ami Nans Thomassey et moi-même revenons tous deux de deux années de voyage autour du monde chacun de notre côté en clôture de nos études d'ingénieur. Dans un cocktail de joie profonde d'avoir rencontré la liberté et d'une sensation d'être illégitime à prendre de la distance avec la carrière qui nous est promise, nous nous sommes lancé un pari fou : celui de repartir en allant plus loin. Non pas géographiquement – nous serions les mêmes à l'autre bout de la Terre –, plus loin dans notre cheminement initiatique, plus loin, guidés par cette joie.

Et dans un délire téléphonique historique, nous décidons de plonger dans l'inconnu en repartant en voyage nus comme des vers et sans argent ! Littéralement à poil !

Notre unique bagage – un baluchon de fortune – transporterait un couteau, un petit appareil photo pour filmer notre périple et surtout, un rêve, une aventure que nous souhaitions réaliser : rejoindre la capitale, Paris, pour y sortir en boîte de nuit, en décapotable rouge le tout vêtu d'un costard...

En cinq jours, les personnes rencontrées nous ont permis de tisser ce lien impossible entre l'icône de l'homme sauvage, nu dans la campagne drômoise et une autre icône, celle de l'homme urbain, affublé de tous les attributs « rêvés » de son milieu. Deux années après ce saut dans le vide en juillet 2010, cette folie de deux potaches est devenue la série télévisée *Nus & Culottés*, diffusée sur France 5 et très rapidement suivie par des millions de téléspectateurs. Vertige.

À l'heure où j'écris ces lignes, en 2021, je suis chez moi, dans mon petit coin de nature haut-marnaise, là où j'ai grandi, entre mon 34e et mon 35e voyage *Nus & Culottés*. Pendant toutes ces années, avec Nans, nos rêves nous ont amenés à boire le thé avec un lord en Angleterre, à contempler des aurores boréales en Islande, à rejoindre une oasis dans le désert du Sahara au Maroc ou encore à oser monter sur la scène d'un Zénith et interpréter un hymne à l'humanité avec le grand chanteur Matthieu Chedid, alias -M-...

Quel lien avec les micro-fermes familiales me direz-vous ? Le lien est dans le saut dans le vide.

Car si nous avons poussé le bouchon du dépouillement en partant nus dans nos voyages, nous avons rencontré suffisamment de personnes ayant quitté le confort apparent de la vie moderne – celui du bon salaire, de la prestigieuse carrière, des services à chaque coin de rue –, pour avoir conscience que tout quitter est un véritable *reset* et que ça peut faire très peur.

Et c'est bien normal !

En marge de cette trouille, il y a le désir brûlant de vivre, de s'offrir au monde, d'apprendre, de donner, de déconstruire ce qui peut scléroser nos journées, nos croyances sur la vie, nos échanges avec les autres. En marge de la peur, il peut aussi y avoir la sensation désagréable, parfois même déprimante, de ne plus être à sa place.

Alors, si vous vous reconnaissez dans ce tableau, et si la relation à la terre vous appelle, ce livre est fait pour vous. Sinon, à défaut d'être un précieux guide, il risque d'être un énième produit de consommation qui s'empilera avec d'autres sur vos étagères. Dans ce cas, n'oubliez pas que la vie est ample et généreuse, n'hésitez pas à passer votre chemin en quête de votre véritable place !

Vous souhaitez oser le pas dans l'inconnu ? Planter des cognassiers, savourer vos premières feuilles de chou kale ? Migrer vers vos contrées natales, rejoindre un appel du cœur vers quelqu'un, vers la mer, la montagne, tout recommencer de zéro ?

Bienvenue ! Bienvenue et attention... ;-)

Après plus de quinze ans à sillonner les routes du monde, après plus 800 nuits chez l'habitant, après quasiment 80 000 km en auto-stop, bateau-stop ou encore jet-privé-stop, je ne peux que vous mettre en garde... Attention : quand on poursuit un rêve – à condition que celui-ci soit bien le sien, et pas celui de la mode du moment, celui de son conjoint ou de sa grande sœur –, si ce rêve est bien le sien, souvent, ça peut nous emmener encore plus loin que ce qu'on pouvait imaginer... Ça a été mon cas.

En 2015, ma vie a basculé. En marge de mes aventures *Nus & Culottés*, j'étais heureux, en couple, vivant dans une petite yourte dans un éco-hameau des campagnes de Haute-Garonne avec une vingtaine de gais lurons. Et puis en l'espace d'un mois et demi, tout a chaviré. Séparation amoureuse, un grand classique ; grave accident de voiture qui m'a valu mes premiers et, j'espère, mes derniers tonneaux ; j'ai trouvé un homme mort en randonnant dans les Pyrénées ; j'ai perdu l'usage de ma voix pendant 12 heures suite à un cercle chamanique ; on m'a même volé mon vélo ! D'une nouvelle manière, je me retrouvais... à poil. Forcé de constater que je n'étais plus à ma place.

J'ai écouté l'appel du cœur, de la joie, j'ai écouté ce vieux rêve d'achever un beau livre de photos commencé en 2013. J'ai donc décidé de continuer de mettre en valeur les merveilles que je ne savais plus admirer moi-même, celles de mes campagnes natales. Ses vallons, sa faune, sa flore, ses gens. En toute simplicité.

Je suis parti marcher trois semaines en quête de beauté dans les villages de mon enfance. Je me suis remis sur pied. Puis, pris par l'enthousiasme et reconnecté à la joie d'être moi, j'ai continué deux semaines supplémentaires et comme je voyageais sans argent – on ne se refait pas ! –, un soir, j'ai été hébergé chez une jeune femme, Léa.

Deux ans plus tard, nous nous sommes mariés en Haute-Marne, à mi-chemin entre nos communes d'enfance, et nous sommes devenus parents le jour du premier déconfinement. Liberté ! Et de cet engagement naît une nouvelle aventure ! Celle de la rencontre de nos familles.

S'il est un enseignement que mes années de vagabondage *Nus & Culottés* m'ont offert, c'est qu'on ne fait rien tout seul ou, en tout cas, si on se réfère à cette sagesse africaine : seul on va peut-être plus vite, mais ensemble, on va plus loin.

De mes expériences répétées de voyages sans argent à la poursuite d'un rêve, à celles de cultiver une abondance alimentaire à la maison, j'ai eu le loisir de mieux cerner le carburant qui permet de tenir dans la longueur, contre vents et marées.

Forts de la vision de mon épouse, du soutien de nos frères, des compétences de mes parents et de mes beaux-parents, bien que chacun habite chez soi, nous aimons partager nos couleurs dans nos lieux de vie. De l'apiculture de mon père aux recettes de ma belle-mère, de la main verte de ma mère à la capacité de mon beau-père à réparer tout ce qui vacille, s'il est un fil qui tient toutes ces perles ensemble, c'est bien la joie ! Car quand les désaccords de points de vue, les différences de rythmes et les rencontres de sensibilités se présentent, s'il n'y a pas de solides fondations, l'édifice devient très fragile.

Bien qu'elle ne marche pas encore, ma petite fille est notre maître de cette ré-éducation à l'action dans la joie. La boucle est bouclée. Merci !

Ensemble, qu'on soit un village, une famille, une association, nous sommes une tribu ! Et pour bien fonctionner, une tribu a besoin de la coopération de chacun de ses membres. C'est le terreau préalable à tout réajustement de trajectoire qu'on se souhaite prospère.

L'agroécologie et ce bel ouvrage nous le rappellent. On cultive la terre avant de cueillir le fruit. On prend soin du terreau pour espérer la récolte. Alors osons arroser le semis de la joie avant quoi que ce soit.

Bien souvent, une étape est négligée, par ignorance, par empressement ou par ego…

Il s'agit de celle de prendre soin du terreau humain, car le bon terreau agricole est déjà en soi le fruit d'un riche tissu humain.

Et bonne nouvelle ! Il y a de la place pour chacun ! De la fourmi à la cigale. Désolé Monsieur de La Fontaine, les temps ont changé. Car l'ère de la coopération est en chemin ! Il est illusoire aujourd'hui de croire que nous pouvons continuer de vivre en autarcie les uns vis-à-vis des autres. L'interdépendance est un fait. Au même titre qu'un maraîcher qui veut produire sans s'épuiser à la tâche, il ne peut plus négliger la faune, la flore, le cycle de l'eau, les vents dominants, ni même ses voisins !

Aujourd'hui, les humains du XXIe siècle doivent apprendre à œuvrer ensemble. Et ce n'est pas de la poésie ! Nos enjeux environnementaux, sociaux et désormais sanitaires nous le murmurent tous les jours. Encore faut-il les écouter...

Et c'est là la force d'un groupe soudé : il y en a toujours un ou une qui entend les signaux les plus timides qui seront pourtant la menace de demain. Chacune et chacun d'entre nous est un fusible du tableau électrique global.

Alors, il me semble impérieux de se tenir au courant de nos sensibilités. Il est primordial que la fourmi rappelle au groupe qu'il a besoin d'efficacité et d'anticipation tout comme la cigale se doit de rappeler au besoin de légèreté et de présence à l'instant. Sans quoi – et c'est ce que Monsieur de La Fontaine n'a pas rapporté –, la cigale meurt de faim, oui, on le sait, mais la fourmi meurt d'ennui, le ventre plein.

Nous y sommes ! Il est là l'exode ! Certes, le XXIe siècle sera probablement plus résilient en campagne qu'en ville, mais en amont de laisser nos villes derrière nous, laissons déjà nos vieux schémas dans le passé.

Et j'aimerais conclure en vous livrant ce conseil que je tente de m'appliquer à moi-même tous les jours : ouvrons-nous aux contributions de chacune et chacun et pensons comme un système qui a déjà toutes les clefs en main. C'est peut-être d'ailleurs un nouveau pas dans l'inconnu : et si nous, individus, tentions de nous en remettre en confiance à la magnifique mécanique d'un groupe d'humains ? Quelque chose de plus global prend soin de nous.

De là, nous nous donnons de meilleures chances que la joie ET des récoltes abondantes puissent être au rendez-vous, main dans la main.

Guillaume Tisserand-Mouton, alias Mouts
Réalisateur et voyageur de *Nus & Culottés*

LES AUTRICES

STÉPHANIE MAUBÉ

BERGÈRE ET MILITANTE

QUITTER PARIS

Je peux affirmer sans ambages que quitter la ville m'a sauvée ! Repenser à ma vie citadine dans l'audiovisuel et le graphisme m'apparaît embrumé et confus, reposant sur un socle de valeurs si fragiles que je me demande bien comment j'ai pu tenir jusqu'à 28 ans. L'engagement rural est ma seconde chance, le début de ma vie dans sa dimension structurante, ma manière de trouver ma place dans la société – contrairement aux très grandes agglomérations où l'on est interchangeable avec dix mille profils de notre type.

Je me suis installée en Normandie, dans la Manche, il y a douze ans : j'ai fait un BPREA (Brevet Professionnel Responsable d'Exploitation Agricole) pendant un an au Lycée agricole de Coutances avant de créer une petite exploitation de 130 brebis dans les prés-salés. Au fil du temps, je me suis diversifiée en produisant des infusions avec des plantes sauvages, en organisant des sorties nature au milieu du troupeau et en créant la première marque de pelotes de laine 100 % normande. Je suis impliquée dans la sauvegarde d'une race menacée, le mouton Avranchin, que j'ai réintroduit dans son biotope d'origine, les prés-salés. Je suis engagée à la

Confédération paysanne, ce qui permet de s'impliquer sur des sujets de société tels la gestion des abattoirs, affirmer son refus des traités commerciaux type CETA, interpeller nos politiques, être présent à la Chambre d'agriculture. J'ai 40 ans et l'impression que la vie ne sera pas assez longue au regard des projets fourmillants qu'offre la ruralité !

OUBLIER SA MONTRE

Mais ce changement ne nous est pas offert sur un plateau : il se construit très progressivement. À la campagne, accepter le temps long est la clé. Et rien que cela, c'est un sacré apprentissage pour les citadins que nous fûmes. En tant que nouvel arrivé, on a beau décréter qu'on se donne un an pour restaurer la grange, six mois pour lancer le potager et trois mois pour créer une AMAP avec les parents de l'école, aucun de ces délais ne sera tenu. Parce que ce n'est pas nous qui décidons : ce sont les saisons. Réapprendre le rythme du temps et la météo rend philosophe... une fois passé l'agacement de se sentir impuissant !

RÉSEAUTER ET ÉCOUTER

Vos envies seront nombreuses après la lecture de ce livre (on espère !), mais autonomie ne veut pas dire repli. J'ai découvert que la dureté de la vie rurale est ancrée dans les gènes, même dans ceux des personnes qui bénéficient désormais d'un salaire extérieur et d'une protection sociale. La vie paysanne traditionnelle relève du survivalisme avant l'invention du mot, et la survie de chacun dépend de sa capacité à se regrouper avec ceux qui ont des compétences complémentaires. Proposer vos bras aux voisins pour des corvées (bois à couper, pressage des pommes, charpente à monter, troupeau à transhumer, foin à ranger) permettra en retour de solliciter leur aide. C'est une manière humble de leur envoyer le message : « apprenez-moi à vivre le terroir ».

LE TRAVAIL LIBÈRE L'ESPRIT

C'est une vérité simple et noble : le labeur agricole est une manière de se réaliser. Le travail physique et la production alimentaire sont une valeur, contrairement à la quête perpétuelle de loisirs et au comportement de consommateur. La société nous a conditionnés pour ces attentes passives qui font de nous d'éternels frustrés, mais cela est contré par l'approche rurale et le bon sens paysan, qui refont de nous des acteurs de nos territoires. Se coucher épuisé avec le dos en miettes après avoir mangé comme un ogre contribue à se sentir vivant !

COURAGE !

Il en faut au début, quand on découvre que personne ne nous a attendus, que nous ne sommes pas les bienvenus, et que le sort s'acharne évidemment : il pleut dans la chambre, la serre s'est envolée, notre récolte de pommes de terre a pourri et on grelotte pour le troisième hiver de suite dans la maison non isolée. Nous qui avons eu la chance de grandir dans le confort matériel, considérons que les premières années nous servent de remises à niveau, et qu'elles permettent de prendre conscience de la valeur d'une pièce chauffée et d'un garde-manger rempli.

CLAIRE MAUQUIÉ

EXPLORATRICE ET GOURMANDE

Au début de l'année 2020, je suis revenue m'installer dans la campagne française après plus de huit années passées sous les tropiques. Pendant cette période de ma vie, je me suis formée à la permaculture à La Réunion, puis à la conception de forêts comestibles publiques à Taïwan dans le cadre de mon travail au sein d'une ONG locale. Et surtout, j'ai profité de la luxuriance des pays tropicaux pour adopter une alimentation plus vivante, riche en fruits et légumes crus, m'amenant vers un état de pleine santé. En climat chaud, c'est facile : la nature offre une abondance de fruits juteux et parfumés tout au long de l'année. De retour en France, j'avais cette appréhension de ne plus pouvoir me régaler comme j'en avais pris l'habitude. Mais au fil des mois, j'ai observé la nature et je me suis rassurée : j'ai découvert qu'il existe jusqu'à 7 000 essences nourricières en climat tempéré, et que l'on peut se régaler tout au long de l'année juste en identifiant les ressources présentes autour de soi. Oui, l'abondance est possible aussi en climat tempéré !

Par ailleurs, j'aime énormément randonner, me promener, courir, explorer tous les coins et recoins de mon environnement. C'est une activité incontournable de mon quotidien.

C'est une activité méditative, qui me permet de prendre soin de mon corps et de me faire plaisir. Mais c'est autant de temps que je ne passe pas à travailler dans la micro-ferme ! Alors, pourquoi ne pas mettre ce temps à profit pour faire mes emplettes dans la nature ? C'est gratuit, cela ne me demande aucun travail de culture, et en plus j'optimise mon précieux temps !

Si, dans mon quotidien, je vise à avoir une production alimentaire la plus autonome possible, je voue aussi un grand intérêt à l'autonomie symbiotique du territoire. Seul, on fait de grandes choses. Mais à plusieurs, on fait mieux ! Depuis 2017, je travaille aux côtés de l'association Université francophone de l'autonomie alimentaire pour fédérer les différents acteurs des territoires autour d'initiatives citoyennes, telles que les agoras d'agriculture urbaine, ou les forêts comestibles publiques comme celles que j'ai développées à Taïwan.

Ensemble, nous allons explorer quelques stratégies pour aller vers l'autonomie alimentaire tout en faisant le moins d'efforts possible. Nous verrons comment identifier et utiliser les ressources existantes, adapter nos habitudes alimentaires pour dépenser moins d'argent et d'énergie, observer notre environnement et, enfin, développer un mode de culture permanent et résilient : le jardin-forêt.

JARDINIÈRE ET AVENTUREUSE

Née en banlieue parisienne d'une mère péruvienne et d'un père français, j'ai suivi des études commerciales et dans l'immobilier, ce qui m'a menée à un poste de cadre dans une foncière d'investissement. En parallèle de mes études, j'ai travaillé dans le mannequinat et en tant que professeure de danses latines. J'ai eu la chance de beaucoup voyager et même de vivre en Polynésie pendant trois ans, avant de revenir m'installer à Paris jusqu'à l'âge de mes 30 ans. J'ai quitté la grande ville pour m'installer dans l'Eure où je suis devenue maraîchère biologique pendant six ans dans une ferme que j'ai participé à créer : *La Ferme des Rufaux*, en agroécologie, s'inspirant des principes de la permaculture. J'ai ensuite rejoint l'association de promotion de l'agroécologie et de la permaculture *Fermes d'Avenir*, jusqu'à la naissance de mon fils Hayden. Depuis, je me suis réinstallée sur une terre en Basse-Normandie où je développe un projet de micro-ferme familiale : *Les Jardins d'Hayden*. Je suis l'autrice du livre *Créer sa micro-ferme, agroécologie et permaculture* et du livre de portraits *Les Néopaysannes*, tous deux aux éditions Rustica.

AVANT-PROPOS

POURQUOI QUITTER LA VILLE ?

LINDA BEDOUET

Quelle époque ! Qui aurait cru que nous vivrions un confinement et les prémices d'un début de pénurie alimentaire ? Que nous serions témoins de l'emballement climatique au quotidien si rapidement ? Que sous nos yeux ébahis le pouvoir politique se montrerait impuissant à nous protéger et subtilisé par une poignée d'individus plus motivés par l'accumulation de capital qu'à l'intérêt général, s'avérant parfois dangereux et souvent vulgaires, bien dénués de sens commun.

Les risques de pénuries alimentaires sont plus élevés en ville de par la concentration de population et la distance importante existant entre les sites de production et de distribution dont le transport de marchandises s'effectue en majorité par camions. Or en cas de grève, de problème sur la filière pétrole ou d'intempéries, la ville se retrouve rapidement affamée. La production alimentaire manque particulièrement de résilience en grandes agglomérations, car l'expansion des villes a progressivement avalé les terres agricoles les entourant, les précieuses ceintures alimentaires et par la même occasion les producteurs. Par exemple, Paris était autonome en alimentation jusqu'au début du XXe siècle grâce à la multitude de petits producteurs livrant le marché des Halles et autres marchés intra-muros. Il y avait plus de 170 maraîchers à Bobigny, 85 à Créteil, 22 à Gennevilliers… ! À la place, sont apparues des tours d'habitation ou de bureaux. Il ne reste en France que 400 000 agriculteurs dont la moitié a plus de 50 ans (dont 73 % sont des hommes), contre 1 600 000 en 1982, en 1955 ils étaient 6,3 millions… S'ajoutent à cela les crises sécuritaires (attentats, incendies, canicules…) et maintenant sanitaires qui nécessitent des mesures de prévention plus drastiques en ville.

Même si nous sommes nombreux à nous préparer en quelque sorte au pire depuis un certain nombre d'années, les nouvelles et rebondissements nous dépassent tous. Si l'urgence de changer les choses vibrait en nous comme un sentiment, une sensation, c'est maintenant devenu une ÉVIDENCE. Nombreux sont ceux qui aspirent à du changement dans leur vie après cette période intense de confinement : quitter la ville, changer de travail, revoir son échelle de besoins…

Même assouvir des besoins simples devient compliqué. Manger devient risqué ou, comme dit Pierre Rabhi, il va bientôt falloir non plus se souhaiter « Bon appétit » mais « Bonne chance » ! Notre alimentation vient de trop loin ou est polluée par la chimie post-guerre ; le goût a disparu car considéré comme une variable d'ajustement ; les variétés végétales et les races animales ont fondu comme peau de chagrin, sacrifiées sur l'autel de la performance agro-industrielle. Les maladies humaines liées à cette alimentation pauvre et polluée sont légion et de nombreux spécialistes en parlent bien mieux que moi. Ce qui ne peut être que partagé par tous est le manque de saveur des aliments vendus en grandes surfaces, et le coût des courses alimentaires qui reste tout de même élevé par rapport à nos budgets de plus en plus serrés. En ville, on est en plus étouffés par le prix des loyers et des transports, aspergés de publicités nous incitant à consommer toujours plus : plus d'activités, d'habits, de vacances lointaines ressourçantes. C'est la course à l'échalote pour qui cherche à remplir un trou émotionnel, pour qui cherche désespérément un sens à sa vie, le marketing s'en chargera pour vous : soyez heureux en achetant ceci ou cela... Au bout d'un moment, on a fait le tour de la question « métro-boulot-dodo », on cherche à mieux se connaître, s'épanouir, offrir le meilleur aux personnes qu'on aime, plus de sérénité, de reconnexion à la nature, un rythme plus naturel également.

Le confinement a ceci de bon, nous faire comprendre qu'il existe des plaisirs simples, comme de se promener dans la nature, et que c'est même une nécessité. Que de passer du temps avec ses proches ne nous était pas arrivé depuis longtemps, que la vie est précieuse et éphémère, que tout peut arriver mais que rien ne changera si on ne change pas. Nous vivons, à l'heure où j'écris, le deuxième confinement de l'année, et cela n'affecte pas les miens car notre choix de vie plus résilient n'est pas bousculé par cet état de fait, nous continuons à récolter, cuisiner, nous promener et à planter pour l'avenir. Cette période est propice à l'introspection, à la relativité sur nos vies, notre place dans la société et nos réelles aspirations. Si tout doit s'effondrer, pourquoi ne pas tout tenter maintenant pour créer sa vie rêvée, celle qui nous permettra de profiter de chaque seconde, des personnes qu'on aime, de nous rendre utile et productif d'une vraie valeur ajoutée comme de la nourriture, de l'habitat écologique ou du bien-être et finalement de devenir une meilleure personne. Et si cette meilleure personne devenait ainsi plus créatrice, plus imaginative, plus productive de sens et de bonheur, participant de ce fait bien mieux à notre société en perte de vitesse.

> « L'enfant intérieur, l'enfant en soi, c'est cette entité vivante, énergique, créatrice, comblée qui vibre en chacun de nous, c'est-à-dire notre Moi véritable, celui ou celle que nous sommes vraiment. »
>
> **Charles Whitfield, médecin spécialisé dans les troubles de l'enfance**

Enfant j'étais heureuse, vraiment heureuse, et pleinement moi quand on allait cueillir des champignons en forêt avec mes parents, que je cueillais des mûres avec ma meilleure amie pour en faire des confitures, ou qu'on allait à la cueillette récolter les framboises et les pommes. Mon rêve c'était d'avoir une ferme avec des animaux, en famille. Ce rêve, je l'ai réalisé. À 30 ans j'ai choisi de changer de vie, c'était il y a 10 ans maintenant. J'étais cadre supérieure dans le domaine de l'immobilier commercial, j'habitais les beaux quartiers de Paris, en couple avec un bon parti comme on dit. Mais rien ne me nourrissait, j'avais vraiment le sentiment de faire fausse route.

Un jour j'ai sauté le pas et j'ai tout plaqué, travail, couple, appartement, pour reprendre mes études en développement durable et tenter de faire ma part, de trouver un sens à ma vie. Cela m'a permis d'apprendre où en était la situation de notre planète et les possibles souhaitables, que tout cela on le savait depuis les années 70 et qu'on avait rien fait. Je suis devenue militante, moi qui n'avais jamais rejoint aucune association de ma vie, jamais manifesté pour aucune cause – sauf les manifsestations étudiantes mais sans réellement savoir pourquoi on marchait. Je suis devenue adhérente d'une AMAP (Association pour le maintien d'une agriculture paysanne) et j'allais chercher mon panier bio toutes les semaines, c'était excitant car j'avais l'impression de faire une démarche en dehors du système pour la première fois de ma vie, et je cuisinais des légumes que je n'avais jamais vus. Puis je suis devenue présidente de cette AMAP pour finalement me former à la permaculture au Bec Hellouin, ferme pionnière où j'ai rencontré mon ancien compagnon.

Comme beaucoup d'entre vous qui me lisez, je n'ai aucun lien familial avec la campagne ou un métier de la terre. Cela ne m'a pas empêché pour autant de m'orienter vers cet univers en suivant mon instinct et en analysant la situation actuelle de notre société. Les scientifiques disent que nos instincts sauvages peuvent ressortir en cas de danger, c'est peut-être ce qu'il s'est passé chez moi et beaucoup d'autres, la survie. Difficile d'expliquer aux proches un tel revirement de situation : démissionner d'un poste de cadre dans l'immobilier, quitter son appartement des beaux quartiers parisiens, son partenaire qui ne voit pas les choses de la même manière, pour reprendre des études en environnement et se mettre en chambre de bonne. Tout ça pour quitter la ville et devenir maraîchère bio ! Tout s'est passé très vite, sur une grosse année, sans que rien ne soit prévu. Ensemble nous avons créé la *Ferme des Rufaux*, une micro-ferme magnifique et productive dans l'Eure (Normandie). Je suis devenue maraîchère sans diplôme agricole, en y connaissant presque rien. C'était une expérience très intense et j'ai découvert à ce moment-là ce qu'était le travail de la terre, vivre avec les saisons, les difficultés que rencontrent les agriculteurs, l'injustice des conditions de travail bien en deçà des minimums syndicaux valables pour le reste des secteurs professionnels. Pas de congés payés, pas de week-end, pas d'obligation de salaire non plus, pas d'arrêts maladie ou presque, et on cotisait à une retraite faisant partie des plus basses de France (il faut compter environ 700 euros/mois). Malgré tout, j'étais heureuse de me lever le matin, fière de mon travail, et je me sentais à ma place. Après six saisons passées comme maraîchère, mon cœur s'est envolé vers d'autres horizons et j'ai repris la route. Je me suis investie dans l'association *Fermes d'Avenir* que j'ai quittée au bout de deux ans pour m'occuper de mon fils et recréer une oasis de vie : *Les Jardins d'Hayden*. Ce projet, on le fait en famille car nous avons acheté une propriété de 3,7 hectares avec mon père et ma belle-mère qui souhaitaient quitter la banlieue parisienne et une retraite trop coupée de la nature. Avec mon fils Hayden qui grandit au son des chants d'oiseaux, ce sont donc trois générations qui prennent soin de ce lieu désormais, et les projets s'inscrivent sur le long terme.

Notre premier objectif est l'autonomie alimentaire et énergétique ; le second qui le talonne de près est de vivre paisiblement dans un environnement naturel, accueillant et généreux. Nous souhaitons ouvrir notre lieu le plus possible afin de diffuser et échanger les savoir-faire et valeurs de la permaculture.

On a cru, il y a dix ans, que j'avais grillé mon disque dur… pour aujourd'hui me dire : tu avais raison ! Évidemment pas tous mes proches, il y a encore des irréductibles confiants dans le progrès technologique qui pensent qu'on arrivera à sauver nos standards de vie, nos habitudes, nos mégalopoles avec le génie humain, le transhumanisme, la science sacrebleu !

C'est vrai que l'Homme a été capable de beaucoup de choses permettant notre évolution rapide, notre longévité, notre conquête des terres et des mers (et même de l'espace...), mais en mettant de côté un détail important : une Terre miraculeuse, majestueuse, mais aux ressources finies, et non infinies comme voudrait le faire croire le capitalisme. Nous avons brûlé 99 % de la cigarette en un temps record, alors la dernière bouffée devra être plus raisonnée, économisée, stratégiquement utilisée ou le sevrage sera des plus brutaux ! J'ai décidé de faire partie des acteurs de la transition, et pour cela quitter la ville est apparu comme une évidence.

Il n'est pas évident sans lien familial rural de se projeter sur une région en particulier. Notre pays est vaste, et on ne peut négliger l'importance du réseau local pour s'entraider. L'ancrage familial est donc un vrai plus. J'ai longtemps hésité à repartir en Polynésie où étaient présents mes plus chers amis et des conditions météo plutôt favorables à la culture. De plus, l'autonomie alimentaire n'en est qu'à ses balbutiements également, alors le challenge était grand. Finalement la vie m'a fait rencontrer un Normand, alors c'est là que j'ai posé ma valise.

Maintenant un réseau ça se crée et arriver sur un territoire nouveau a un côté excitant. Il y a beaucoup de personnes formidables partout, qui partagent vos valeurs sur la permaculture, l'autonomie, la cuisine, le jardin ou bien l'écologie. Ce n'était pas si simple il y a quarante ans, ou même il y a dix ans dans certaines zones de France. Les mentalités évoluent très vite en ce moment et on trouve du soutien partout sur les territoires. Il ne faut donc pas se décourager, j'en suis un exemple, Stéphanie Maubé, que vous découvrirez plus loin, aussi : les citadin(e)s peuvent très bien s'intégrer à la campagne et s'épanouir.

À travers le témoignage de Claire Mauquié, vous découvrirez comment vous approprier les connaissances sur la flore sauvage qui vous entoure, même en ville ! Si vous n'allez pas vers la nature, la nature peut venir jusqu'à vous. Claire a tout appris sur le tas, elle est la preuve vivante que les savoir-faire ne sont pas perdus et peuvent se rediffuser rapidement.

Parfois l'appropriation des savoir-faire peut nous paraître insurmontable tant la liste est longue et que nos expériences tournent souvent autour de l'art de s'asseoir devant un ordinateur et de palabrer sur des sujets extrêmement spécifiques à longueur de jours. Nous ne connaissons plus nos bases, nos impondérables, nous sommes la génération réellement hors-sol.

Nos parents avaient souvent encore un lien de sang ou de cœur avec les territoires, mais nous, urbains, rarement. Notre héritage culturel tourne plus autour de la communication extérieure, le voyage, les arts... ce qui nous apporte une grande culture et une ouverture d'esprit mais pas à reconnaître les plantes sauvages ou à réparer une fuite. Le chemin est long, mais intéressant, stimulant (enfin une vraie raison d'apprendre) et gratifiant.

Nous sommes nombreux à nous être tournés vers des métiers manuels ou relationnels, faisant appel à nos sens, utiles, qui mènent à des résultats concrets, et qui sont loin de ne pas être exigeants intellectuellement.

Créer son potager, développer son élevage, partir en cueillette sauvage et planter des arbres est à la portée de tous ! C'est l'investissement le plus sûr qu'il soit car je ne pense pas que l'or remplira nos estomacs demain. L'économie qui est réalisée est non seulement conséquente – facilement plusieurs milliers d'euros par an – mais vous vous garantissez de plus de vous régaler, en famille si c'est votre cas de figure, mais également seul ou en communauté d'un autre ordre. Et vous transmettrez de belles valeurs à vos enfants ou aux enfants qui croiseront votre passage, tel que « On récolte ce que l'on sème », que « La nature est généreuse si on travaille de concert avec elle » ou encore que « Être heureux est contagieux ».

Et si trouver sa place, créer son oasis nous révélait le sens de notre vie ? Et si tout cela participait à réduire notre impact et ainsi à laisser aux enfants qui vont naître autant de bonheur qu'on en a eu à vivre sur cette belle planète ? Quittons la ville et installons-nous à la campagne dans nos micro-fermes !

Alors, si le constat est partagé, cher lecteur, je vous propose ici de vous faire part de nos parcours, de vous donner des conseils, des recommandations, de vous guider au mieux dans vos premières interrogations pour vous donner un peu plus de « billes » pour votre projet d'installation à la campagne et le démarrage de votre autonomie. Oui vous pouvez y arriver, même si vous n'avez jamais fait pousser un radis et, oui, vous avez le droit à l'erreur et, non, vous n'êtes vraiment pas seul ! Partout des réseaux d'entraide s'organisent, des tutoriels, des groupes virtuels, des associations locales. L'exode urbain est une réalité, et une bonne chose pour notre résilience. Vive la campagne !

CHAPITRE 1

PAR QUOI COMMENCER ?

LINDA BEDOUET

QUI EN EST ?

Avant toute chose la première des premières questions est « Qui ? » Qui fera partie de ce projet ?

Vous avez des aspirations mais vous n'êtes pas seul à en décider ? Vous avez un conjoint à convaincre, des enfants à motiver et qui sont sous votre responsabilité. Vous avez peur de vous planter et de les emmener sur un chemin risqué. Vous avez des parents vieillissants qui comptent sur vous ? Vous ne vous sentez pas de le faire seul(e) ? Tous les cas de figure ne se valent pas. Il est certain que changer de vie est un risque que l'on prend, mais si vous ne changez rien, rien ne changera.

J'ai croisé la route de beaucoup de porteurs de projets citadins en quête de sens et de nature. De la femme célibataire à la famille nombreuse, des groupes de jeunes aspirant à la création de communautés au regroupement de personnes âgées dans des écoquartiers. L'installation en ruralité peut prendre de multiples formes et n'est pas figée. Un projet peut démarrer avec un objectif donné qui peut évoluer et même doit évoluer en marchant. J'ai par exemple testé la vie de couple dans une ferme à vocation commerciale, la vie de célibataire à la campagne et maintenant de mère accompagnée de ses parents et de son fils dans une ferme visant l'autonomie et la diffusion des savoirs. La vie nous réserve bien des surprises ! Le tout est de s'en accommoder, de devenir résilient, d'avancer un pas après l'autre. Oui, le risque est toujours là, mais ce qui vous affectera ne le fera que si vous le décidez. Si vous choisissez de faire avec, d'accepter votre quotidien et de le prendre avec philosophie, alors vous trouverez toujours l'énergie de faire avancer votre projet. En permaculture on dit : « Le problème est la solution », autrement dit, changez votre façon de voir le problème et tirez-en du positif.

QUELLE RÉGION ?

Les offres sont nombreuses, les territoires attractifs par bien des arguments, différents d'une zone à l'autre. Il est bien difficile de trancher. Ce qui reste peut-être à mettre en avant sur sa liste de critères est **d'imaginer ces territoires dans vingt à trente ans,** les perspectives en termes de montée des eaux, de précipitations, de hausse des températures et des risques sismiques et nucléaires. Évidemment si la grand-mère lègue son mas provençal malgré les chaleurs attendues, cela se réfléchit quand même ! Rien n'est certain dans ces projections mais cela mérite qu'on s'y intéresse pour parfaire sa réflexion.

Beaucoup de réseaux existent pour dénicher des maisons avec des terres, que vous vous lanciez dans une activité agricole ou juste dans l'autonomie, par exemple : Terre de Liens, L'Âge de faire, Transrural initiatives... Vous trouverez tous les renseignements dans le carnet d'adresses figurant en page 171.

Un article du *Monde* écrit par Anne-Sophie Novel en octobre 2018, intitulé « Bouleversement climatique : Où migrer en France pour échapper au pire ? »*, avait retenu mon attention. On y faisait la démonstration des différences études, simulations, croisements de données pour tenter de définir les zones « sûres » et les zones « à risque », et force est de constater que nombreux sont ces risques et donc personne n'est réellement à l'abri de tout. L'idée est de s'adapter à ce qu'il nous arrive, de rester souple, résilient et d'avancer coûte que coûte. On y lisait un témoignage qui m'a amusée d'un jeune collapsologue qui avait conclu que la

* www.lemonde.fr/blog/alternatives/2018/10/09/bouleversements-climatiques-ou-migrer-en-france-pour-echapper-au-pire/comment-page-1/

Normandie et la Bretagne semblaient être les zones les « moins pires » en termes de précipitations et de milieu tempéré. Il est vrai que ces deux régions semblent attirer de plus en plus de candidats à la vie rurale, à l'autonomie et à la permaculture.

Après la Drôme qui a beaucoup attiré pendant quelques décennies, c'est le tour des régions Ouest de séduire par leurs arguments : la mer, la bonne terre, la pluie et une population qui ne demande qu'à suivre le mouvement de la transition. Même si c'est un thème très nouveau et qu'il y a de nombreux freins, beaucoup d'initiatives émergent aux quatre coins du pays.

J'ai personnellement mis six mois à trouver la perle rare, à travers une vingtaine de visites. Je suis chanceuse, car des connaissances m'ont confié avoir mis plus d'une année et une centaine de visites non fructueuses avant de trouver exactement ce qu'ils cherchaient.

En fonction de votre niveau de patience et de votre niveau d'exigence, il faudra peut-être revoir un peu vos objectifs si vous souhaitez avancer dans votre projet. Le mouton à cinq pattes, tout le monde le cherche : sans vis-à-vis, un cours d'eau, plein sud, bâtiments agricoles, maison isolée et chauffage écologique, prairie sans chimie, sans voisins en agriculture conventionnelle, arbres fruitiers qui produisent déjà, et bien sûr tout cela pour une bouchée de pain ! Il y a hélas et heureusement à la fois beaucoup de gens comme vous qui souhaitent s'installer en ruralité et qui visitent ce genre de biens. Nous avons choisi de rogner sur la promiscuité avec les agriculteurs conventionnels, tout en espérant qu'ils changent bientôt leurs pratiques et en doublant les haies qui nous séparent de leurs champs. On s'adapte comme on peut, et on avance !

LE TERRAIN

La taille

La « pression foncière » – c'est-à-dire la demande importante par rapport à l'offre – ne sera pas la même en fonction des territoires et cela aura un impact sur le prix de vente du bien que vous visez. La fourchette est large, entre 3 000 et 20 000 euros de l'hectare. La SAFER (Société d'aménagement foncier et d'établissement rural), organisme qui a en charge l'attribution des terres agricoles, veille à ce que ces dernières ne partent pas à n'importe quel usage. Si elle préempte, il faudra donc montrer patte blanche, en sachant qu'elle privilégie les projets agricoles environnementaux, les porteurs de projets jeunes et diplômés de l'agriculture, et avec ancrage local.

Mais il arrive, quand les terres sont vendues avec un bien immobilier plus résidentiel dans une zone avec peu de demande, que la SAFER ne préempte pas. C'est alors l'occasion d'acquérir avec son lieu de vie des terres à utiliser à bon escient.

Attention, trop de terre peut devenir un vrai casse-tête, une pression dont on se passerait bien et des problèmes divers (gestion des arbres morts, tonte, clôtures à entretenir…).

Ne soyez donc pas trop gourmand ! À l'inverse, trop petit en se disant qu'on récupérera bien un morceau par la suite peut être périlleux, certaines parcelles ne seront peut-être jamais à vendre et la viabilité d'autonomie impossible sur une trop petite surface. **1 hectare de terrain** est une bonne base pour envisager plusieurs activités agricoles écosystémiques : potager, mare, bois, pâtures, abris pour les animaux, zone de biodiversité. Moins voudrait dire se passer d'une ou plusieurs activités citées ci-dessus. Plus, qu'il faudrait envisager qu'une des activités ou plusieurs soient menées au niveau semi-professionnel, ce qui veut dire temps, compétence, responsabilité mais aussi capacité de surplus de production ou activité professionnelle complémentaire pouvant amener du beurre dans les épinards. Tout peut s'envisager et doit s'intégrer dans sa réflexion familiale au niveau de son design permacole.

Faire son design en permaculture

Tout d'abord, qu'est-ce que la permaculture ? C'est une méthode de conception d'écosystèmes maximisant les forces de vie ! Cela fonctionne bien sûr sur un projet de création de potager mais ça fonctionne également avec tout autre projet et avec la gestion d'écosystèmes humains. Prendre soin de l'Homme et de la nature, et partager équitablement ses ressources sont les valeurs de la permaculture. *Permanent culture* voulait à l'origine désigner une culture au sens large avec l'idée de durer, d'être résilient et soutenable. Une philosophie engageant de nouveaux modes de vies.

En permaculture, on prend le temps d'observer ! On dit souvent qu'il faut laisser couler une année, soit quatre saisons, afin de voir les différents éléments naturels se manifester tels que les vents, la pluie, les zones plus chaudes et plus froides lorsqu'il s'agit d'un jardin, ou les relations humaines lorsqu'il s'agit d'une entreprise ou d'une communauté.

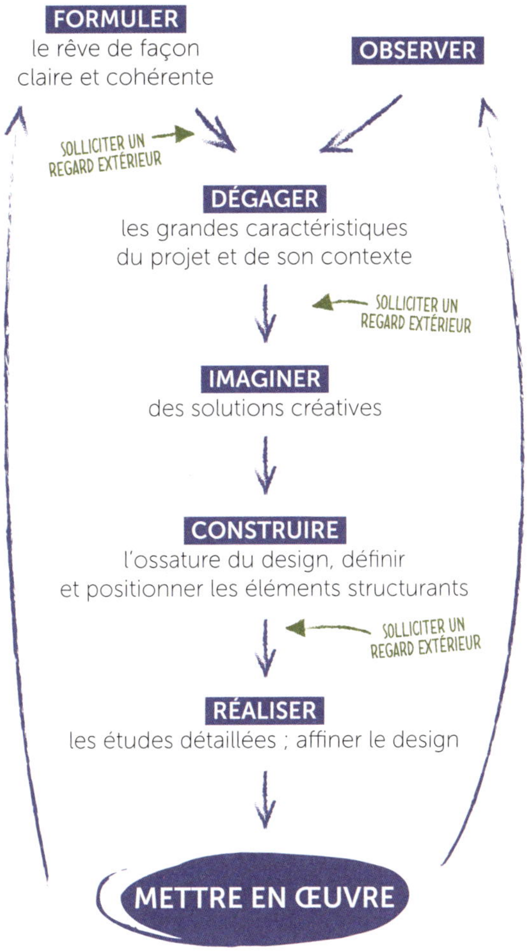

Réfléchir et élaborer son projet

Nous observons également les fonctions remplies par chacun de ces éléments qui nous montrent ainsi quelle conception serait la plus pertinente afin d'atteindre nos objectifs. Chaque élément doit pouvoir remplir plusieurs fonctions, et une fonction doit être remplie par plusieurs éléments : par exemple, les poules donnent à la fois des œufs pour notre alimentation et des excréments pour fertiliser le potager ; les moutons remplissent le congélateur mais remplacent aussi la tondeuse...

CONCEVOIR DE MANIÈRE RÉFLÉCHIE

Dans la boîte à outils permaculturelle, l'un des points les plus fondamentaux est la création de son **design**. Élément très important, celui-ci vous aidera à « dessiner » votre projet en fonction des objectifs attendus : résilience, interactions naturelles et humaines...

En permaculture, on dit que « Le problème est, ou comporte, la solution ». En clair, il n'y a pas de problème mais uniquement des défis d'adaptation, de résilience, d'innovation. Cette méthode de conception va nous aider à **franchir les enjeux sociaux et environnementaux qui nous attendent et à vivre la transition écologique** inéluctable de la meilleure des façons.

Une fois son projet abouti, ou en tout cas plus mature, l'idée est que cela fonctionne de manière autonome et instinctive, dans le laisser-faire et le lâcher-prise, plutôt que dans le contrôle ou la domination. C'est cela la révolution permaculturelle : **efficience, résilience et partage**. C'est bien de là qu'elle tire son originalité et sa pertinence, mais aussi ce qui a pu laisser croire à un certain laxisme (le mythe du hamac). Pourtant, nos capacités cognitives sont mises à rude épreuve dans ce genre de projets, nos connaissances du vivant sont à se réapproprier. Il ne faut pas sous-estimer l'exigence que cela demande. Pour vous aider, des stages de design sont organisés un peu partout en France. Des ouvrages spécifiques au design existent et peuvent vous accompagner dans votre réalisation. Je vous conseille d'ailleurs celui de Sacha Guegan, ex formateur du Bec Hellouin : *Penser son projet en permaculture*.

Le **zonage** est un exercice que la permaculture propose de réaliser dans le cadre de votre design. Il s'agit de déterminer jusqu'à 5 zones différentes partant de votre lieu de vie ou de travail (zone 0), passant par celles les plus visitées (1 à 3) à celles les plus laissées sauvages (4 à 5). Cela nous invite à réfléchir à mieux nous économiser, car on peut marcher des kilomètres par jour dans notre lieu quand les zones sont mal pensées. Vous buvez de la tisane quotidiennement ? Pensez à placer votre spirale aromatique proche de votre cuisine ! Vous souhaitez développer une activité de miel ? Placez votre ruche en zone 5 afin de laisser les abeilles tranquilles, et entourez-la des variétés qu'elles butinent le plus, vous n'avez pas besoin d'y aller souvent.

La méthode OBREDIM est un exemple :

- **Observation :** état des lieux de la situation (les acteurs, l'environnement géographique, institutionnel, commercial, associatif, la qualité du sol, le climat...).
- **Bordures :** examen des limites physiques et humaines du projet.
- **Ressources :** analyse de l'ensemble des ressources, des ressources naturelles aux ressources humaines (compétences, temps disponible, financement, réseau...).
- **Évaluation :** analyse des besoins et des fonctions de chaque élément du design afin de pouvoir créer des synergies en les associant entre eux.

- **Design :** mise en place des éléments physiques sur un plan + proposition d'une gouvernance humaine et d'un modèle économique.
- **Implémentation :** proposition de planification et d'accompagnement dans la mise en œuvre du design.
- **Maintenance :** l'objectif est de permettre la plus faible maintenance du système. Les technologies utilisées sont donc les plus simples possible, ou alors maîtrisées.

UN DESIGN GLOBAL

Le rapport de design aborde tout autant les aspects techniques du projet – techniques agricoles employées, espèces plantées, construction du bâtiment... – que les aspects humains – gouvernance, liens entre les différentes parties prenantes du projet – et économiques. La permaculture traite de la globalité d'un système et des liens entre chaque élément intégré à ce système. Les aspects humains sont essentiels ; des études sur la gestion de projets alternatifs montrent que l'échec des projets collectifs est en général dû au « précieux facteur humain ».

La méthode Ikigaï est un très bon outil pour démarrer à rêver. Cela permet de se situer par rapport à quatre critères primordiaux :

La qualité de la terre

Que votre terre soit argileuse, sableuse, limoneuse ou les trois à la fois, calcaire ou acide, elle aura **ses qualités et ses défauts**. Une terre argileuse colle aux bottes, mais elle retient bien les minéraux. Une terre sableuse reste souple, mais elle retient peu l'eau...

Dans tous les cas, vous aurez la possibilité de l'améliorer grâce à une étude du sol, des conseils d'experts, de l'ajout de matière organique, la plantation d'arbres et du temps. Il est certain que si votre terre a été malmenée avant votre arrivée, que son taux de matière organique (qui indique la quantité de nourriture disponible pour vos plantes) est dramatiquement bas, vous aurez besoin de plusieurs années pour l'améliorer et possiblement un budget conséquent en achat d'intrants (matière végétale et/ou animale de l'extérieur).

L'idéal est de partir d'une prairie indemne de traitement pour pouvoir avoir des résultats probants dès la première année. En revanche, méfiez-vous des terres polluées. Oui, il est possible de les dépolluer avec le temps – plantation de plantes spécifiques, grattage et ajout de terre propre –, mais le coût et le risque de s'empoisonner à petit feu en consommant les produits qui en sortiraient sont tels que c'est une option vraiment pas recommandée.

L'orientation

L'**orientation** de votre parcelle par rapport au soleil et la **topographie** de votre terrain sont des éléments important à intégrer dans le design de votre projet. On peut adapter son projet à tous les cas de figure, des plus compliqués aux plus simples. Mais tant qu'à faire, ne partez pas vers des cas trop lourds à porter en termes d'adaptation (peu de rayonnement solaire, plein vent, en pente, zone inondable, haute altitude...). Cela viendrait s'ajouter fortement aux futurs tracas quotidiens qui vous toucheront de manière imparable. Si vous pouvez vous en passer, tant mieux !

Votre souveraineté alimentaire étant une pierre angulaire de votre projet et les légumes et les arbres nécessitant de la bonne terre, de l'eau et une bonne exposition, imaginez rapidement, lors de vos prospections sur le terrain, ce que cela donnerait au niveau de la production agricole en observant pendant toute une journée, par exemple, les ombres sur le terrain, en repassant un jour de pluie, en analysant la végétation déjà en place, laquelle est un précieux indicateur d'ensoleillement et de nature de sol. Ainsi, j'avais visité un lieu magnifique quand je cherchais mon petit coin pour m'installer en Basse-Normandie. Le bâti était très sympa, le terrain enfoncé dans une forêt, 1 hectare d'un seul tenant ! Mais l'ombre des arbres de la forêt couvrait la quasi-totalité du terrain une bonne partie de la journée. C'était bien trop risqué d'imaginer y voir une production alimentaire suffisante.

L'EAU

Pas assez ou trop ?

Un des critères qui doit retenir votre attention est la **capacité en eau** du lieu que vous prévoyez d'acquérir. L'eau est et sera encore plus une ressource précieuse dans les années à venir. Les nappes se tarissent ou sont polluées, les rivières asséchées en été, et les périodes de sécheresses de plus en plus difficiles pour les végétaux et les animaux (dont nous faisons partie !).

C'est pourquoi il faut multiplier les solutions : si vous disposez d'un puits sur le terrain, vérifiez la qualité de l'eau et son niveau. Une petite rivière en contrebas ? Observez si elle a tendance à s'assécher et les droits d'accès. Vous êtes dans une zone pluvieuse ? Songez à étudier la possibilité de créer des mares ou installez, là où vous le pouvez, des récupérateurs d'eau de pluie.

À l'inverse, attention aux zones inondables, on a vu ce que cela donnait hélas avec les pluies centenaires ou les grosses tempêtes que nous affrontons de plus en plus. Il est trop risqué aujourd'hui de parier sur cette donnée, autant prendre les cadastres au sérieux quand une zone est connue sous cette caractéristique. Même si le mot « maraîcher » vient de ceux qui cultivaient sur des marais, vous ne pourrez pas lutter contre l'eau ou le chemin de l'eau. À l'époque, ils asséchaient les marais pour les rendre cultivables. Mais j'ai hélas vu des maraîchers déménager à cause d'inondations trop fréquentes de leurs parcelles de cultures, c'est épuisant.

Économie de la ressource

Même si nos techniques de culture sont peu gourmandes en eau, faire pousser avec trop peu d'eau peut être compliqué au niveau des rendements surtout si vos semences n'y sont pas habituées. On parle beaucoup des semences de Pascal Poot, maraîcher qui, à force de persévérance, années après année – vingt ans au bas mot ! –, a récupéré les semences de ses plants qui étaient soumis à un stress hydrique (très peu d'eau apportée).

Aujourd'hui, sa sélection semencière lui permet sur son sol, dans ses conditions de culture, de ne quasiment jamais arroser ses plants. En attendant que vous suiviez ce même chemin, et pour d'autres raisons, récupérer ses semences semble très judicieux comme en pages 140 à 143. En attendant, vos plants auront besoin d'eau, et vous aussi !

Hélas les sourciers se font très rares, on en a désespérément cherché un vers chez nous. Des formations pour devenir sourcier se développent. Si vous avez la chance d'en faire venir un sur votre terrain, cela peut vous éclairer sur les sources d'eau disponibles et ainsi réduire le coût d'un forage profond (cela peut facilement coûter 10 000 euros et même bien plus).

LE PLAN DE CULTURE

Qu'est-ce qu'on mange ce soir ?

Les premières questions auxquelles vous devez répondre au sein de votre famille est : que souhaitez-vous manger ? Un régime plutôt axé sur le végétal ou intégrant de l'animal ? Jusqu'où souhaitez-vous mener l'expérience de l'autonomie ?

Ce qui est sûr, c'est qu'en fonction de vos compétences sur le sujet, il ne faut pas aller trop vite et démarrer trop de cultures nouvelles en même temps. Temporisez, observez et orientez votre plan de culture en fonction des résultats. Si vous vous rendez compte à la fin de l'année 1 que vous ne remplissez pas votre frigo, doublez l'année suivante. Mais il vaut mieux augmenter progressivement vos cultures qu'en lancer trop à la fois, vous seriez épuisé et elles risqueraient de dépasser vos besoins.

Les légumineuses sont riches en protéines, ne passez pas à côté. De plus, les variétés – et donc leur goût – sont tellement nombreuses qu'on ne s'en lasse pas ! Pois chiches, haricots secs, pois cassés, lentilles, soja... vous pouvez tout faire pousser dans votre potager. Ce qui est compliqué, c'est la récolte, un peu laborieuse, et l'écossage, car il faut tout de même une certaine quantité de légumineuses pour remplir les assiettes. Le bon séchage vous garantira leur conservation. Misez sur les variétés paysannes, tel que le haricot 'Petit carré de Caen', 'de Soisson', 'Borlotto'... Il y en a de toutes les couleurs et de toutes les saveurs, parfaites pour le minestrone hivernal, les chilis con ou sin carne, les steaks végétaux...

Courgette 'Zapallito'.

ZOOM SUR

MES COUPS DE CŒUR !

J'ai testé sur ma ferme des centaines de variétés de légumes, et il m'en reste tout autant à découvrir. À chacun de se faire son avis, bien sûr, mais je vous partage ici mon top des légumes incontournables qui ne vous décevront pas :

- **Aubergine 'Orissa' :** cette belle aubergine ronde et verte triée, sans amertume, cuit sans rendre d'eau, elle est géniale à cuisiner ! Donc pas besoin de la paner ou de la faire dégorger. Trouvée chez *Potage et Gourmands.*
- **Betterave 'Chioggia' :** très sucrée, elle est bien adaptée pour faire des jus à l'extracteur, et on ne se salit pas les mains.
- **Blette épinard :** beaucoup de feuilles, peu de cardes qui sont souvent amères et plus longues à cuire.
- **Carotte 'Touchon',** pour son parfum inégalable, et **'Jaune du Doubs'** pour sa rusticité.
- **Chou cabus 'Précoce de Louviers' :** excellent en salade estivale ou en choucroute.
- **Concombre 'Satsuki Madori' :** résistant et prolifique, long et bien croquant, d'un goût sans amertume et peu sujet aux graines, on le mange en entier du printemps à l'automne.
- **Courges 'Spaghetti' :** pour son originalité en remplacement des pâtes !

• **Olive :** pour les veloutés, délicieuse.
• **Sucrine du Berry :** pour les desserts, comme les pancakes, les tartes, les confitures...
• **Courge Patidou :** au four, farcie, elle a un goût délicieux et sa texture se situe entre la châtaigne et la patate douce.
• **Courgette 'Verte de Gênes' :** très sympa, cuisson fondante.
• **Courgette jaune 'Gold Rush' :** à utiliser crue ou cuite dans la ratatouille.
• **Courgette 'Zapallito' :** crue ou cuite, elle présente une texture dense vraiment intéressante. Prolifique, elle a un feuillage qui ne pique pas... tant mieux car ce n'est pas le cas de ses voisines !
• **Fraise « Mara des bois » :** la plus parfumée et très productive.
• **Melon 'd'Honfleur' :** variété presque disparue, j'ai eu la chance d'en retrouver des graines. C'est la variété qui s'est le mieux comportée cette année avec les aléas climatiques (canicule, puis froid, puis sécheresse, puis pluie...). Son taux de sucre était impressionnant malgré le déficit en soleil. Sa taille peut atteindre jusqu'à 15 kg ! Si vous tombez dessus, reproduisez ses graines en faisant attention à l'isoler des autres variétés. Il vaut vraiment le coup !
• **Poivron jaune 'Oro'** pour son goût sucré et **'Tomate'** pour son rouge gourmand et sa texture croquante et juteuse quand il est dégusté cru.
• **Poireau 'd'Elbeuf' :** variété locale de Normandie presque oubliée. Ce poireau peut atteindre une taille impressionnante mais ne perd pas son goût.

Concombre 'Satsuki Madori'.

• **Tomate 'Cœur de bœuf', 'Persimon', 'Brandywine' et 'Noire de Crimée' :** ce sont mes préférées, mais il en existe tellement ! Ne vous limitez pas !
• **Cerise 'Black Cherry' :** elle dépasse les autres mais les types groseilles sont très intéressantes niveau pep's en bouche.

Et tant d'autres...

Fraise « Mara des bois ».

La pharmacopée

Se soigner avec les plantes de son jardin, c'était l'unique médecine qui existait avant l'arrivée de la chimie pharmaceutique. Leur efficacité n'est pas à remettre en question, mais là où elles sont les plus utiles c'est sur la prévention et les petits maux du quotidien. La prudence reste de mise et on peut difficilement s'en remettre qu'à nos plantes en cas de maladie grave. Mais apprendre à mieux les connaître est bénéfique pour prendre soin de nous. Voici un échantillon des PAM (Plantes Aromatiques et Médicinales) et leurs vertus :

- **Menthe :** digestive, spasmolytique, carminative, antiseptique, tonique et stimulante.
- **Romarin :** augmente l'immunité, favorise la circulation sanguine.
- **Thym :** contre le rhume et les refroidissements.
- **Mélisse :** améliore le sommeil, antispasmodique.
- **Sauge :** soulage les douleurs de règles, antiseptique, antispasmodique, antisudorifique, apéritive, bactéricide, anticéphalique, digestive, énergétique, enraye la montée de lait, diurétique léger, emménagogue, fébrifuge, laxative, fluidifiant sanguin, stimule la mémoire, tonique.
- **Verveine citronnelle :** fébrifuge, antispasmodique, antifongique, légèrement sédative et eupeptique.
- **Achillée millefeuille :** anti-inflammatoire analgésique, antipyrétique, diurétique, emménagogue et anthelminthique.
- **Millepertuis :** soulage les brûlures et les dépressions passagères.
- **Camomille :** favorise le sommeil.
- **Souci :** anti-inflammatoire, anti-œdémateux, antioxydant, antiviral, antitumoral, spasmolytique, hypocholestérolémiant et immunostimulant.
- **Lavande :** répulsif à parasites, calmante, antidépressif, sédative.

Souci.

Lavande.

Toutes ces vertus donnent envie de leur réserver un coin du jardin pas trop loin de la cuisine, non ? Attention, cette liste de propriétés médicinales n'est pas exhaustive et il est toujours préférable de se renseigner en cas de doute auprès d'un spécialiste.

Pensez à la **« spirale aromatique »** pour les cultiver, ou encore les **carrés potagers** autrefois appelés jardins de curés, c'est sympa à réaliser et cela crée un bel effet ! Le principe de la spirale aromatique ? Réalisez une spirale en colimaçon du bas vers le haut intégrant différents types de terre, argileuse en bas, plus sableuse en haut, en associant des bûches de bois, des pierres. Vous pouvez ajouter une mini-mare en bas. Ainsi, les plantes plus friandes d'humidité et d'ombre seront plantées vers le bas et celles qui ont besoin d'un sol drainé et chaud vers le haut. L'orientation vis-à-vis du soleil sera essentielle pour placer les plantes au bon endroit selon leurs besoins en lumière.

Pour réaliser des carrés, procurez-vous des planches de bois si possible imputrescibles, réalisez des carrés de 1 mètre sur 1 mètre, alignez-les les uns à côté des autres en laissant un passe-pied de 1 mètre. Apportez-leur de la matière organique ainsi que du paillage de manière importante. Repiquez vos plants d'aromatiques par variété dans chaque carré. Vous aurez ainsi un joli jardin aromatique facile à entretenir.

Et les céréales ?

Pensez de manière stratégique : si vous avez un paysan boulanger à côté, il n'est peut-être pas indispensable de se lancer dans la culture des céréales et de faire votre propre pain. **Ces deux activités demandent de la technique et sont chronophages** pour une seule famille. Le matériel nécessaire est coûteux et lancer une fournée juste pour quelques pains peut être énergivore. Alors qu'échanger vos tomates contre le pain bio local a du sens ! Cela ne vous aura pas coûté plus de matériel pour faire pousser quelques tomates en plus et pas beaucoup de temps non plus, et le boulanger complète son panier de produits qu'il n'a pas le temps de faire pousser. Par exemple, chez moi, à Noues-de-Sienne, j'ai rencontré Quentin au marché, boulanger bio en démarrage. J'avais beaucoup de plants et je lui ai proposé de lui en donner une partie. Il était ravi ! Un jour, une commande de ses pains s'est annulée au dernier moment, il est venu avec sa femme remplir mon congélateur. Une belle histoire gagnant-gagnant !

Si le troc n'intéresse pas votre boulanger, vous gagnez dans un premier temps à vous concentrer sur d'autres besoins alimentaires plus facilement à votre portée et à lui acheter son pain. Le travail à petite échelle pour aller du grain de blé jusqu'au pain est réellement complexe, mais si l'expérience vous intéresse, vous pouvez regarder du côté de l'association *Triticum** à Rouen qui a réussi à

* www.triticum.fr

mobiliser un groupe de citadins pour semer du blé ancien en bio et à mettre en place des récoltes collectives et à développer une filière de panification.

D'autres céréales que le blé peuvent être cultivées pour votre alimentation tel que le sarrasin, le millet ou le quinoa, même si le problème de l'écossage reste le même. Ce sera long et laborieux sans un matériel adéquat difficile à trouver ou coûteux. Mais si vos voisins agriculteurs peuvent vous aider, pour le semis, la récolte ou le tri, cela devient tout de suite plus raisonnable.

Le chanvre, s'il n'est pas une céréale, a beaucoup d'atouts pour votre cuisine, et pas que ! Certaines variétés adaptées produisent des graines avec un fort taux d'huile. L'huile est très nutritive et riche en protéines ainsi qu'en acides gras oméga-3 et oméga-6. Les graines peuvent aussi servir comme gomasio et être ajoutées à vos plats. Vous pouvez ensuite récupérer les tiges pour en faire du paillage, celui-ci dure plus longtemps que celui de blé car ses fibres sont plus denses et se décomposent moins vite.

On passe au plan !

Réaliser son plan de culture en fonction de la liste des végétaux que vous souhaitez faire pousser chez vous est assez simple. Je vous conseille de partir d'un tableau Excel pour noter les variétés, les dates de semis, les quantités attendues – vous avez souvent sur les sachets de graines les rendements par gramme, ou sinon une petite recherche internet vous les indiquera. En plus de ce tableau, vous pouvez noter sur un plan de vos parcelles de cultures l'emplacement par saison, sans forcément aller sur du très précis, mais cela permet également de garder une trace pour le roulement des cultures. Eh oui, chaque légume pompe dans la terre certains éléments et si vous ressemez ou replantez au même endroit les mêmes cultures, elles ne trouveront plus ce dont elles ont besoin, surtout si vous n'alternez pas avec des engrais verts ou d'autres apports.

Le plan de culture apporte donc une réflexion par saison et doit être fait si possible sur trois ans pour intégrer les phases de repos ou d'engrais verts pour le renouvellement des sols.

› Exemple de tableau pour préparer son plan de culture

Espèce	Variété	Date de semis	Date de récolte	Quantités semées	Résultat attendu	Résultat obtenu
Courgette	'Verte Maraîchère'	Fin mars et début mai et fin juin	Mai à octobre	4 ou 5 plants en trois fois	5 à 10 kg par semaine	+ de 10 kg de juin à septembre

ZOOM SUR

LE CAS DE LA COURGETTE !

La courgette est l'exemple classique du légume touché par la surproduction. Or ce légume ne se vend pas facilement car il est simple à lancer dans tous les potagers et il explose chez tout le monde au même moment ! En tant que maraîchers, on arrivait à sortir notre épingle du jeu en sélectionnant des courgettes de variétés rares, en les cueillant très jeunes (mais elles ne tiennent pas le stockage ainsi), en vendant les fleurs aux restaurants gastronomiques quand on avait trop de fruits et surtout en essayant d'en avoir « hors saison » classique, sous serre ou tunnel nantais en précoce ou tardif (avant juin et après septembre). Sinon, il existe de superbes recettes de courgettes en pickles, en soupe, dans le gâteau au chocolat…

Chaque hiver, il conviendrait de se poser pour faire le bilan sur ses cultures, les variétés à retenir et celles à écarter par critères de goût, de productivité, de résistance aux maladies, de coup de cœur. Par exemple, j'ai craqué cette année sur deux nouveautés que je n'avais pas encore cultivées : la cyclanthère (très productive et pleine d'atouts santé, cette plante vient d'Amérique du Sud) et la courgette 'Zapallito' qui change des courgettes classiques : elle est goûteuse en cru comme en cuit, très productive, et son feuillage lisse ne pique pas ! Les emplacements notés sur le plan vous aideront à imaginer l'année suivante, la surface nécessaire, le meilleur emplacement en fonction du soleil, du vent, des prédations…

ZOOM SUR

LES ENGRAIS VERTS

Ce sont des cultures semées de végétaux spécifiques riches en minéraux ou qui captent l'azote du sol pour le restituer. En broyant cet engrais vert avant qu'il ne fane ou en le couchant au sol cela permet d'avoir une couverture du sol favorisant la vie (champignons, micro-faune) et de le nourrir.

Exemple de mélange d'engrais verts : 26,5 % d'avoine rude, 45 % de légumineuses (vesce de printemps, lentille, lupin amer, trèfle d'Alexandrie), 9 % de sarrasin, 7,5 % de lin bleu, 6 % de phacélie, 3,5 % de tournesol, 1 % de radis fourrager, 1 % de cameline.

Les meilleurs engrais verts sont les mélanges, plus ou moins complexes, de plantes de familles botaniques différentes. Chaque espèce agit différemment sur le sol par son système racinaire particulier et, lors de l'enfouissement de la partie aérienne, par sa composition particulière (cellulose, azote…).

LE MATÉRIEL ET LES ACCESSOIRES POUR DÉMARRER

Une très bonne question à se poser est par quel type de matériel commencer ? Tout dépend de votre budget et de l'avancement de votre design et de votre plan de culture.

Vous pouvez démarrer avec peu, ce n'est pas un problème insurmontable si vous êtes débrouillard et avez un peu de temps, ce qui n'est pas forcément le cas quand on démarre sa micro-ferme ! On est toujours dans les cartons, il faut s'occuper des enfants, on cherche une activité à côté... Donc il n'y a pas de honte à se simplifier la vie si on a mis de l'argent de côté à cet effet : acheter des outils sera un investissement bien plus rentable qu'un nouveau téléphone portable ou une nouvelle voiture (sauf si elle est break !).

La serre

Il semble pertinent de s'équiper d'une zone de production sous serre pour assurer les cultures d'été et prolonger les périodes de récoltes, surtout si vous êtes au nord de la Loire, mais également au sud.
Ainsi, vous pourrez lancer les pommes de terre nouvelles, les légumes de printemps dès le début de l'année et les récolter tôt. De même, vous récolterez une plus grande quantité de légumes dits « du soleil » (tomates, poivrons, aubergines, melons) et plus longtemps. Je récolte des pastèques en octobre et des piments jusqu'en décembre grâce à ma serre ! La mâche et les épinards peuvent être récoltés en janvier-février, alors que dehors ils seraient gelés.Vous avez des tutoriels sur internet qui vous montrent

comment **construire une serre** avec du bois et de la bâche. Vous pouvez opter pour du préfabriqué en polycarbonate ou en verre ; plus la qualité est là plus le coût est élevé. Ce qu'il faut bien regarder c'est la résistance et la longévité. Nous sommes de plus en plus soumis aux aléas climatiques. Cet été, notre maison s'est retrouvée au cœur d'une tempête qu'on aurait cru possible que dans les régions tropicales et qui, en quinze minutes, a fait envoler notre serre, cassé deux arbres et inondé notre logement ! C'était, selon notre voisin âgé de 60 ans, né dans le village, « du jamais vu ici ! » Il va falloir s'attendre à tout et maximiser ses chances en ne mettant pas tous nos œufs dans le même panier, au même endroit. D'où la bonne idée qu'on a eue, je pense, de créer trois zones différentes de potager sur la propriété, exposées aux vents différemment, et qui a montré ses preuves lors de cette tempête. La serre en verre devant la maison n'a pas bougé, on y a mis le prix, presque 3 000 euros et, pour l'instant, on en est très satisfait.

Serre en pleine production au mois d'août.

La serre bâchée, de récupération, 4 mètres sur 20 mètres, a dû être rabâchée cinq fois en huit mois, pour un montant de 800 euros ! Nous venons d'installer, pour un montant de 800 euros, une serre bâchée à bords droits pour optimiser l'espace intérieur et faciliter le travail ; elle est exposée sur une autre zone moins venteuse.

Un **endroit pour faire ses plants** est également fort recommandé. Cela peut être une véranda pour démarrer, un chalet avec accès à la lumière ou des serres en forme de coffre type châssis, facilement réalisables avec de vieilles fenêtres – renseignez-vous auprès des poseurs de fenêtre, ils ne savent souvent pas quoi faire des anciennes !

Vous pouvez créer de la chaleur par un système de couche chaude humifère avec du fumier ou installer des systèmes en kit, électriques, de tubes chauffants. Cela vous permettra de lancer vos semis dès le début de l'année afin d'avoir vos plants prêts à être plantés dès la fin du gel.

Le petit matériel

Plaques de semis, seaux, arrosoirs, caisses de récolte, n'hésitez pas à chiner ! Consultez également les petites annonces de liquidations : hélas, beaucoup de fleuristes et de pépiniéristes jettent l'éponge, mais ils revendent leur matériel par lots à des prix très intéressants.

Sinon, vous pouvez vous servir de **matériel de récupération** pour les contenants à semis tel que boîtes d'œufs, pots de yaourts, coquilles d'œufs, rouleaux de papier toilette et j'en passe. L'ingéniosité du recyclage n'a pas de limite !

Des bâches en géotextile ou des bâches tissées sont recommandées pour installer les zones de cultures pérennes comme les petits fruitiers ou les fraises. Bien sûr, le paillage naturel permet de ne pas utiliser de produits dérivés du pétrole, mais sa décomposition rapide impose un renouvellement fréquent et un désherbage suivi. Cela permet de ne pas être débordés par les mauvaises herbes. D'une durée de vie d'une dizaine d'années, elles peuvent aussi servir pour les courges qui adorent la chaleur : les bâches réchauffent le sol et permettent d'éviter que les courges pourrissent lorsqu'elles sont immatures. Sous serre, vous pouvez installer les cultures longues telles que les poivrons, les piments, les tomates, les concombres en trouant la bâche, par exemple en quinconce tous les 80 cm sur la ligne pour une butte de 80 cm de large. Hélas il vous faudra certainement investir également dans des **filets anti-insectes**, pour éviter les chenilles dévoreuses de choux ou celles qui s'attaquent aux crucifères. Les altises peuvent également faire des ravages. En attendant que votre écosystème soit équilibré et efficace en termes de prédation, c'est souvent un achat nécessaire.

Pour l'arrosage

Plusieurs options s'offrent à vous. En fonction de vos besoins en eaux (renseignez-vous sur les précipitations annuelles dans votre zone) et de vos choix culturaux (vivaces, légumineuses, extérieur ou sous serre), certaines seront à favoriser.

Il est certain qu'on peut tout à faire arroser à l'arrosoir un petit moment, tout dépend de la taille du potager et du temps que cela demande. Dans un second temps, un tuyau d'arrosage avec un bon embout réglable sur la pression et le type d'arrosage fait également l'affaire. Pour aller plus loin et augmenter ses surfaces, investir dans un **asperseur semi-pro** peut être judicieux, car cela permet de se dégager du temps pour faire autre chose.

Sous serre, vous pouvez opter pour le **goutte-à-goutte** – il existe des kits complets sur internet – que vous placez judicieusement à proximité de vos lignes de plants, ou des buses d'aspersion fixées sur des rampes – aussi en kits. Tous ces systèmes, si vous y mettez un peu plus cher, peuvent être connectés à des programmateurs qui démarrent et stoppent l'irrigation en fonction de vos instructions. C'est d'une grande aide et un gain de temps précieux. À vous de voir.

Le gros matériel

Le fameux mythe du tracteur... faut-il ou pas un engin mécanisé ? La réponse est oui et non, ça dépend. Une bonne réponse de Normande ! Je ne suis pas fan de ces engins, mais on ne peut pas pour autant écarter en bloc directement l'idée d'en utiliser un. Cela dépend de vos cultures et de l'espace que vous avez, car l'outil peut servir au travail superficiel du sol, à la tonte, au portage et donc s'avérer très pratique. Pour autant, même d'occasion, l'achat peut représenter plusieurs milliers d'euros et induire l'achat de combustible, une assurance et des réparations.

Pour le potager en non-travail du sol, plus aucun engin n'aura à y rentrer, mais pour porter les ballots de paille, entretenir les contours ou travailler une nouvelle parcelle pour des céréales ou légumineuses, c'est super utile. Voyez sinon si vous pouvez investir dans un outil en partage avec d'autres familles.

Il est certain que le tracteur a un succès que je n'arrive toujours pas à m'expliquer auprès de mon fils qui n'a pourtant jamais été conditionné à ça. Dès qu'il entend le moteur démarrer, il se précipite au garage voir son papy chevaucher la bête. Que voulez-vous, on le sensibilisera plus tard au pic pétrole et au non-travail du sol !

Et pourquoi pas utiliser les ânes et autres équidés ?

Pour ces animaux, reportez-vous aux pages 94 et 95, Stéphanie Maubé vous en parle !

OÙ TROUVER SES GRAINES ET PLANTS ?

Les semences

Les semenciers bio sont heureusement de plus en plus nombreux. Vous pouvez passer par les sites marchands en ligne en confiance tels que Biaugerme, Germinance, Kokopelli, Agrosemens, Semailles, La Ferme de Sainte-Marthe et beaucoup d'autres. Pour certaines raretés, les collectionneurs pourront vous fournir la perle rare, avec les risques liés à ces activités semi-professionnelles qui peuvent être également aléatoires en termes de résultat mais ce sont les risques. Vous pouvez aussi rejoindre des associations d'échanges de graines tel que « grainesdetroc » ou les grainothèques locales. Les potagers conservatoires de votre territoire proposent d'en savoir plus sur les variétés locales paysannes et parfois peuvent vous en confier pour de la reproduction.

Les plants

Repérez autour de chez vous les pépiniéristes et les revendeurs de plants utilisant des techniques agroécologiques et des semences paysannes, c'est très important pour pouvoir les reproduire ensuite et augmenter les chances de reprises. En grande surface, vous allez tomber sur des variétés hybrides, qui ont poussé loin ou forcées aux engrais chimiques qui ne s'adapteront pas forcément à votre terrain sans être boostées artificiellement.

C'est risqué mais il m'est arrivé de craquer pour une promotion et de croiser les doigts. Parfois ça fonctionne…

Si vous êtes débutant, coupez la poire en deux : achetez une partie de vos besoins pour assurer le coup et ne pas vous retrouver sans rien au final. Ce n'est pas compliqué mais certains fondamentaux sont à prendre en compte avec l'expérience, sur l'arrosage, les températures minimales et maximales, les dates de semis et la profondeur de l'enfouissement de la graine. Comme repère, vous pouvez garder à l'esprit que la profondeur est liée à la taille de la graine. Grosse graine = plantez profondément ; petite graine = plantez presque à la surface. Il faut compter deux à trois fois la graine comme profondeur.

Le terreau est important, il doit surtout être sans larves d'insectes. C'est pourquoi l'acheter en sac et bien refermer le sac après chaque utilisation est primordial. J'ai perdu énormément de semis cette année avec un terreau contaminé par les mouches de semis… une vraie galère, cela ne m'était jamais arrivé ! J'avais utilisé un sac déjà ouvert la saison passée et resté dehors. Comme il n'a pas beaucoup gelé, les larves s'y sont développées.

Vous pouvez aussi utiliser du compost de déchets verts, parfois offert en déchèterie mais attention à la présence éventuelle de graines de mauvaises herbes qui peuvent être restées vivantes. Dans ce cas, il faudra faire le tri entre vos légumes et les adventices ou mauvaises herbes.

Graines de haricots secs et coriandre auto-produites.

ZOOM SUR

L'UTILISATION DES SEMENCES PAYSANNES REPRODUCTIBLES (NON HYBRIDES)

Dans notre recherche d'autonomie, reproduire nos semences sur la ferme est essentiel. C'est un gain économique (plus besoin d'acheter de graines) et en termes de résilience (cela favorise l'adaptation de nos variétés à notre terroir et ainsi augmente la productivité). C'est de plus un acte militant de conservation des variétés et d'appropriation de ce savoir-faire ancestral car on s'oppose ainsi au système actuel qui privatise le vivant en s'accaparant des variétés sous brevet, ou qui en impose certaines via un catalogue. Si vous vous intéressez au sujet, n'hésitez pas à rejoindre le réseau semences-paysannes.org

Moi, j'adore faire ça ! C'est comme de changer l'eau en vin, cette multiplication des semences est magique : d'un haricot vous en récupérez 300, d'une graine de tomate vous récupérez 15 kg de tomates qui peuvent contenir chacune plusieurs dizaines de graines ! C'est juste magique et agréable à faire. Mais, attention, les variétés peuvent parfois se croiser ; il y a donc des fondamentaux à savoir : pour cela, rendez-vous aux pages 141 à 143.

COMMENCER À CRÉER SON RÉSEAU

Découvrir sa nouvelle région d'adoption avec humilité et ouverture d'esprit

Il est toujours un petit peu stressant d'arriver dans un nouveau territoire, surtout quand on n'y connaît personne. Je l'ai vécu plusieurs fois dans ma vie : en arrivant à Paris à 18 ans – je vivais dans le Val-d'Oise –, en débarquant à Tahiti à 22 ans, puis en Normandie à 30 ans et maintenant Basse-Normandie à 38 ans. À chaque fois, les premiers mois sont délicats : on manque de repères, on ne sait pas vers qui se tourner ; la solitude recouvre les premières euphories de l'emménagement.

COMME UN ENFANT…

Vivez votre installation comme un jeu, tel un enfant qui s'assied devant une table de jeu, voyez ce nouveau challenge comme une stimulation ludique qui, de toute manière, vous gratifiera d'une réussite ou d'un apprentissage précieux. Vous n'avez donc rien à y perdre. Prendre soin de son enfant intérieur permet de mieux s'armer face aux crises et épreuves à venir.

Les amis et la famille ont terminé d'inaugurer notre nouvelle vie et on se retrouve seul avec nos cartons. La page est blanche, alors on n'a pas envie de la salir avec des incompréhensions, des malentendus ou des problèmes de positionnement. Malgré tout, c'est comme ça : on vient d'ailleurs, on est différent, cela peut faire peur. Heureusement, les plus téméraires viendront vous tendre la main, accueillez-les avec humilité. Pas la peine de sortir son curriculum vitae pour en « imposer ». La plupart des gens du cru se demandent déjà ce que vous êtes venu faire par ici, se posent des questions. Préparez une présentation simple, vraie et honnête. Le temps fera son œuvre et les locaux se rendront bientôt compte que vous pouvez être une valeur ajoutée pour le territoire. **Vous faites partie de ces personnes qui apportent un nouveau souffle, un nouveau regard, un optimisme et un éclairage** sur les atouts de la ruralité, longtemps oubliée, boudée, fuie par les jeunes. On fait le chemin inverse de la génération précédente et cela surprend les populations qui n'avaient plus de perspectives, selon un schéma très établi où seuls les métiers agricoles et les usines recrutaient encore, les autres professions partaient à la ville. La crise de la Covid-19 a montré à quel point les ruraux étaient plus résilients, en termes d'alimentation, de bien-être (profiter de la nature) et d'échanges avec les voisins. On y vit mieux les crises et cela n'empêche pas, selon les professions exercées, de continuer une permanence par télétravail sur les métiers du tertiaire. Cela donne des perspectives énormes au monde rural ! Qui ne rêve pas d'avoir son bureau face à son jardin, de pouvoir déjeuner avec ses enfants, de ne pas avoir à prendre la voiture, d'éviter le métro. L'émergence de tiers-lieux, d'endroits de co-working permet de garder le lien avec les autres, de sortir de son cocoon et de mutualiser les outils technologiques coûteux et polluants. De plus, le prix du foncier n'a rien à voir avec les prix citadins : votre bureau ne vous coûtera donc pas cher et vous pourrez peut-être le partager avec quelqu'un d'autre en temps partiel.

Rien de mieux pour démarrer son réseau que de rejoindre un club de sport, d'inscrire vos enfants à des activités ou, comme je l'ai fait, de s'investir dans la politique locale à l'occasion des municipales, par exemple. Je me suis inscrite sur la liste d'opposition qui a hélas perdu (un beau 35 % des votes tout de même pour une liste sortie de nulle part à un mois du vote), mais cela m'a permis de rencontrer des personnes aux mêmes valeurs que les miennes et de démarrer des projets associatifs sur le territoire. Cela peut tout de même être à double tranchant si on souhaite ne froisser personne, car on sera vite catalogué comme « écolo », mais j'assume totalement ce rôle, cela me permet de ne pas perdre mon temps avec des personnes aux idées trop éloignées des miennes. Autant converger avec des personnes participant au monde d'après !

Une autre démarche à faire est de relever les bonnes adresses de producteurs locaux, les saluer sur les marchés, se présenter. Ainsi, en fonction du *feeling* vous pourrez tisser des liens et démarrer d'éventuelles collaborations, des échanges et de l'entraide. Se présenter quand on arrive est une démarche nécessaire et fera taire les éventuels cancans encore bien présents à la campagne. Montrer que l'on vient s'installer dans une démarche de collaboration sur le long terme avec bienveillance permet d'écarter les risques de concurrence pour les locaux qui se retrouvent peut-être dans un marché compliqué.

LES ERREURS À ÉVITER : RESTER DANS SON COIN

Parmi les maraîchers j'ai pu observer l'épuisement, le renfermement et la dépression, même dans les projets bio, perma bienveillants. Quand on est militant, acteur du changement, transitionneur, on a à cœur de changer les choses, d'atteindre nos objectifs en se mettant la pression pour montrer l'exemple. Mais parfois on oublie de s'écouter et d'être heureux. Or c'est à cette unique condition qu'on donnera vraiment envie aux autres de nous suivre et c'est aussi une garantie de tenir dans le temps. Alors pensez à vous et profitez un maximum de votre chance !

CHAPITRE 2

ON MET LES MAINS DANS LA TERRE !

LINDA BEDOUET

L'ORGANISATION FAMILIALE

Qui fait quoi ?

Si je prends l'exemple de ma communauté familiale composée de mon père, ma belle-mère, mon fils et moi-même, nous avons de manière assez informelle convenu d'une répartition des tâches **en fonction du temps disponible de chacun et de ses compétences**. Je m'occupe de l'organisation des jardins, des commandes, du planning, des semis, du suivi, de l'organisation des chantiers, des récoltes et de leur transformation. Mon père est sur les réparations en tout genre (travail quotidien dans une maison ancienne !), la gestion du chauffage (bois, travaux…) et des espaces verts (tonte, bois morts), on le surnomme « Jack Giver » ! Ma belle-mère intervient au jardin sur les pics de travail (au printemps pour les grandes plantations, en été-automne sur les grandes récoltes). Elle garde mon fils quand j'en ai besoin et cuisine en alternance. Chacun a son chez-soi et il est possible de s'isoler si on en a besoin.

La zone de vigilance dans ce genre d'organisation est dans les choses non dites ou mal comprises. Quand un individu se sent lésé dans un groupe et ne le dit pas, cela finit par ressortir et souvent sur autre chose et de manière mal contrôlée.

Les techniques de communication non violente (CNV) sont vraiment efficaces pour gérer ce genre de relations. Des livres sur le sujet et des formations sont disponibles en nombre.

Il faut bien comprendre que nous nous voyons au quotidien, travaillant pour ma part à la maison et eux étant à la retraite (sauf mon fils !). L'entente ne tient qu'à un fil, précieux, et le ciment s'appelle Hayden.

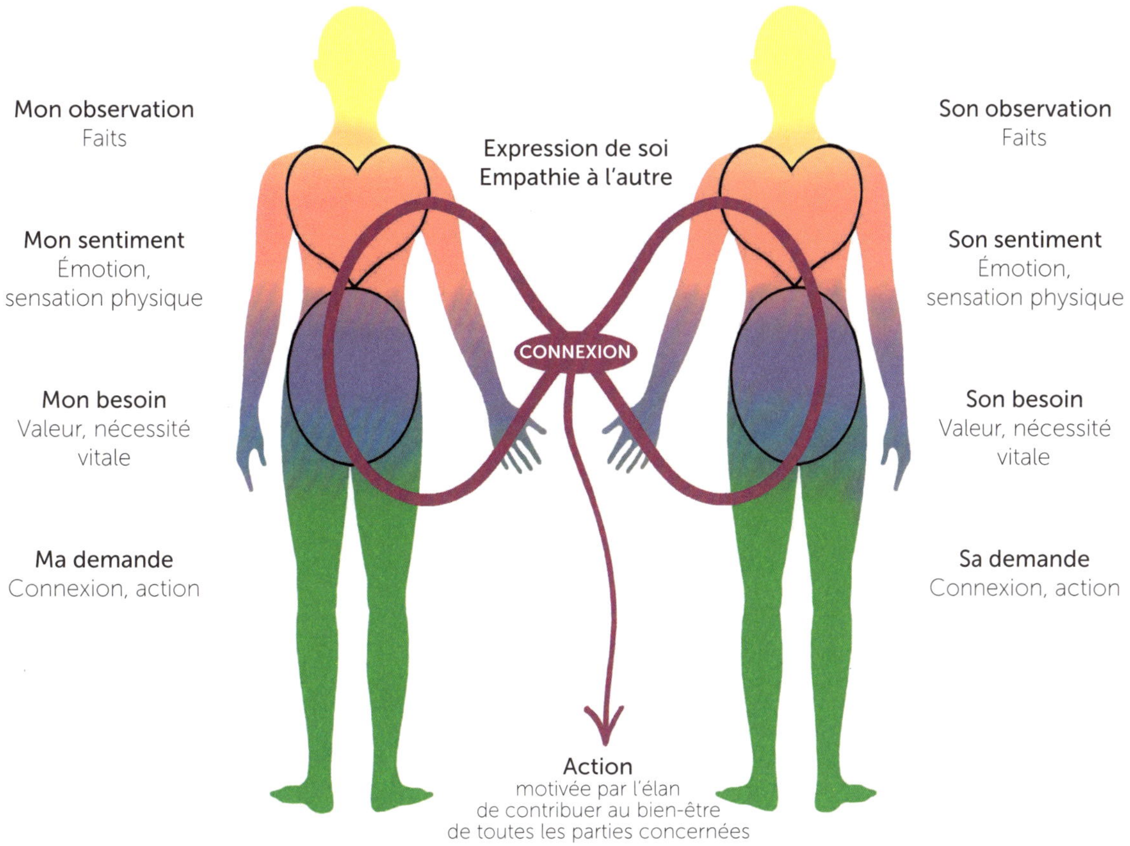

La communication non violente.

Les enfants apportent beaucoup au foyer, comme joie de vivre mais aussi pour relativiser les tensions, recentrer le débat sur l'essentiel : l'amour. Cela n'empêche pas qu'il est préférable de toujours améliorer la communication, de prendre des moments pour lâcher prise, de prévoir des espaces pour se retrouver et si besoin de co-construire son propre règlement intérieur bienveillant. Nous avons instauré, par exemple, un apéro par semaine en fin de semaine. Cela détend : on se pose, on fait le point de la semaine, on parle des projets à venir et on lâche les tensions. Je fais du yoga une fois par semaine, cela m'aide à sortir de notre bulle et à m'occuper de moi. C'est essentiel de savoir conserver des moments pour prendre soin de soi, afin de recharger les batteries et de mieux réagir aux événements extérieurs et de donner alors le meilleur de soi-même. Pour le moment, le navire ne prend pas l'eau, mais il faut bien veiller au grain et savoir se remettre en question. Tout est une question d'énergie et de sensibilité, nous sommes des êtres complexes mais sociaux, c'est une chance. Prendre bien soin les uns des autres, c'est l'essence d'une bonne organisation familiale ou communautaire. De même, l'intégration des enfants (si vous en avez) au projet est primordiale. Il faut qu'ils s'approprient le projet, qu'ils se sentent impliqués, essentiels au développement de la vie dans votre lieu. Je pense que leur confier des missions qui les amusent mais qui les responsabilisent et dont ils peuvent mesurer le résultat est important : collecte des œufs, récolte, nourrissage des animaux... en fonction de leur âge bien sûr. Hayden, à 16 mois, m'aide à écosser les haricots et à récolter les pommes tombées par terre. Je l'ai même surpris en train d'arroser les semis dans la serre !

Le temps de travail

On peut raisonnablement consacrer seulement 1 à 2 heures par jour au jardin et aux tâches connexes, en dehors des « coups de bourre » au printemps et à la fin de l'été où s'accumulent récoltes, désherbage et plantations. Cela reste conciliable avec une activité professionnelle en parallèle. Il est certain qu'un temps partiel serait plus adapté si on souhaite créer une production importante mais, pour démarrer, mettre en place le jardin et planter son verger on arrive à des résultats plus que satisfaisants en travaillant durant les week-ends, les vacances et les matins ou les soirées. Une autre option peut être de couper l'année en deux : haute saison au jardin (avril à septembre), basse saison avec une autre activité (octobre à mars). C'est un peu ce que je fais en écrivant l'hiver, m'investissant dans l'associatif. Au printemps, je suis bien moins disponible. Les travaux sur les slasheurs sont très intéressants, je pense en effet que nous ne sommes plus faits pour exercer une seule profession, à temps plein, mais qu'on trouve plus facilement son épanouissement en passant d'une activité à l'autre, menuisier et coiffeur, musicien et jardinier...

CHE VA PIANO VA SANO, E VA LONTANO !

Pas la peine de se précipiter ou de trop donner d'un coup sur un chantier. Gardez-en pour demain ou vous risquez de vous esquinter le dos ou les doigts et de vous dégoûter de la tâche.

LES SEMIS

On démarre !

Vous serez peut-être un peu fébrile au moment de vous lancer dans vos premiers semis. Cela peut sembler compliqué mais, finalement, il y a une règle simple à connaître : il faut enfoncer de deux à trois fois la taille de la graine dans le sol. Petite graine = presque en surface. Grosse graine = enfoncer plus profondément.

Beaucoup de semis peuvent se faire en godet, en serre, sous surveillance, ce qui peut faciliter l'optimisation dans le jardin ou la serre, en termes de place, puis être repiqués sur paillage ou bâche – ce qui permet d'éviter le désherbage.

Linda en train de faire ses semis.

Semis en pleine terre.

Les semis directs

Les semis directs, c'est-à-dire les semis faits directement sur le sol, en sillon ou à la volée, se font très bien. Mais il faut veiller au désherbage, car les mauvaises herbes, même si la plupart sont utiles ou consommables, peuvent prendre l'avantage sur la culture semée. Il est recommandé alors d'effectuer ce qu'on appelle des **faux semis**. C'est-à-dire préparer une planche comme si on allait la semer, propre de toute herbe, sol aéré en profondeur, amendé (= apport de compost ou fumure légère), et laisser les graines de mauvaises herbes restées en surface germer aux premières pluies ou après arrosage. On désherbe ensuite à nouveau ; et on peut recommencer la manœuvre plusieurs fois. Cela permet d'épuiser un peu le stock de graines de mauvaises herbes et de laisser plus de chance à notre semis de pousser avant les autres. À la main si vous n'avez que quelques rangs à faire, cela se fait très bien. Si vous avez une surface plus grande à semer, n'hésitez pas à investir dans un semoir manuel mono-rang à pousser ou à plusieurs rangs, c'est bien pratique.

Vous pouvez semer votre planche sur plusieurs rangs de plusieurs variétés en même temps. Cela représente un gros gain de temps et, si vous arrivez à bien le régler, l'espacement entre les graines peut limiter l'éclaircissage qui est long et laborieux – action de récolter les plantules encore jeunes sur le rang pour créer de l'espace entre les plants pour qu'ils grossissent plus.

Les godets

Vous pouvez utiliser des pots de yaourt, des rouleaux de papier toilette... ou bien acheter des plaques de semis rigides et réutilisables. Je regarde souvent les vidéos de la youtubeuse Li Ziqi, une néo-paysanne chinoise, reconvertie après avoir exercé un métier dans le tertiaire en ville, et qui s'est réinstallée chez sa grand-mère à la campagne. Elle fait pousser des milliers de choses, se construit elle-même son matériel et cuisine comme une cheffe au feu de bois. En mode zéro carbone ou presque, utilisant le même matériel que sa grand-mère, elle nous montre le champ des possibles si on cherche vraiment à faire sans pétrole, comme avant. Pour ses semis, elle utilise notamment parfois une technique bien sympa qui consiste à fabriquer des boulettes de terre crue et à les aligner sur le sol – il faut une terre bien argileuse pour tenir ainsi. Elle plante ensuite dans chaque boulette quelques graines de légumes, arrose le tout et recouvre d'un voile de tissu ou autre pour favoriser la levée. Du maison zéro déchet intelligent comme on aime !

L'organisation

Pensez à bien noter les variétés semées sur chaque plaque et, si vous êtes courageux, notez dans un cahier ce que vous avez semé, quand et quelle quantité. Vous pourrez ensuite comparer avec le résultat des récoltes et faire votre bilan en fin de saison sur les quantités nécessaires à semer pour arriver au résultat et aux quantités que vous attendez. Même si chaque saison peut amener son lot d'aléas et donc varier en termes de récolte, cela va vous donner des repères et vous faire gagner en expériences et en temps.

La tête dans la lune

Vous avez sans doute entendu parler du calendrier lunaire, cher à la biodynamie, courant de l'agriculture bio s'inspirant de la lecture du ciel et des lignes telluriques pour optimiser ses résultats culturaux. Cette discipline est rattachée à un label que vous avez dû voir sur certains de vos produits : Demeter. Les biodynamistes sont passionnants et j'ai repris certaines de leurs techniques pour mon jardin. Férus de décoctions de plantes également, ils aiment développer les micro-organismes pour maximiser les forces de vies (exemple : enterrer une corne de bœuf avec du sang séché et de la bouse puis la ressortir pour en disséminer son contenu chargé de vie sur le sol avant culture). Un autre de leur attribut est celui du calendrier lunaire*. Celui-ci est édité chaque année et change d'une année à l'autre. Chaque journée avec des horaires bien précis est décrite comme propice à telle ou telle activité, ou à aucune en cas de nœuds lunaires par exemple.

*Les éditions Rustica publient chaque année *Jardinez avec la lune*, dans lequel figure notamment également un calendrier lunaire.

Eh oui, la lune nous ordonne de lâcher le râteau pour nous reposer, alors si c'est la lune qui le dit ! Le calendrier indique aussi les dates optimums pour réaliser les semis ou la récolte des légumes, en fonction de leur groupe : soit feuilles (choux, épinards...), fleur (tournesol...), fruit (tomate, poivron, courge...) ou racine (carotte, betterave...). Incroyable ? Nous sommes nombreux à avoir constaté que suivre le calendrier lunaire offrait un meilleur résultat. À vous d'en faire l'expérience. En plus, cela peut vous aider à structurer votre emploi du temps : « Tiens aujourd'hui c'est jour fruits, je m'occupe des semis de tomates ; demain je ferai les épinards... »

J'aime à penser que suivre le calendrier lunaire a des effets bénéfiques sur nos jardins, et y croire ne fait qu'augmenter nos intentions positives, n'est-ce pas ?

Les trois règles d'or

Pour réussir ses semis, il faut être vigilant à la **luminosité**, à l'**humidité** et à la **température**. C'est le trio gagnant. Si un des trois n'est pas adapté à la graine, le plant prendra du retard, souffrira ou mourra. Sur les paquets de graines figurent très souvent des indications sur leurs besoins. Dans le cas contraire, renseignez-vous sur internet. Les premiers semis de l'année sont souvent les tomates, qu'on démarre fin février. Rien ne pousse encore trop dehors, ou peut-être une reprise timide sous serre. Vos plants de tomates sortent vite de terre, c'est normal, c'est une des germinations les plus rapides après le cresson, mais ce n'est pas pour autant gagné. On a tendance à les faire germer près d'une source de chauffage de la maison, ce qui est une bonne idée, mais une fois sorties, elles auront autant besoin de lumière que de chaleur, il faut pour cela les exposer correctement, si possible avec une lumière par le dessus et non trop de côté, sinon elles fileront (= elles vont s'étioler vers le haut et devenir fragiles) car elles cherchent la lumière de tout leur possible. Les tomates sont résistantes et tant qu'il ne gèle pas, elles pourront se défendre contre le froid, ce qui n'est pas le cas du concombre, très frileux : il meurt en dessous de 12 °C. Soyez donc vigilant, au pire vous retiendrez plus facilement la leçon.

Semis en plaque de culture.

LA PRÉPARATION DU SOL ET L'AMENDEMENT

L'érosion des sols à l'échelle planétaire

L'Homme doit son existence à une fine couche de terre arable qui recouvrait cette planète miraculeuse et qui a fait croître sa nourriture en réunissant les éléments nécessaires (terre, eau, soleil). Malheureusement, ce même être vivant fait tout ce qu'il peut de manière consciente ou inconsciente pour la réduire à peau de chagrin. Or notre nombre sur cette Terre ne fait que croître. Il y a comme un souci... Le bitume vient recouvrir les terres agricoles avec l'expansion de l'habitat humain et les centres commerciaux qui vont avec. Les terres agricoles elles-mêmes sont maltraitées : chute de la biodiversité du sol qui crée de l'humus (et donc renouvelle cette fine couche), raréfaction de la matière organique, arrachage des arbres... Résultat, la terre part en poussière quand il fait chaud et s'échappe dans les coulées de boue quand il pleut. Plus rien ne peut pousser sur de la roche.

Chaque année, 12 millions d'hectares de sol sont perdus dans le monde : pollués, dégradés, lessivés, artificialisés, imperméabilisés... Aujourd'hui, **moins d'un quart de la surface de la Terre échappe encore aux impacts substantiels de l'activité humaine** ; d'ici 2050, les experts de l'IPBES (Plateforme intergouvernementale scientifique et politique sur la biodiversité et les services écosystémiques) estiment que ce chiffre sera tombé à moins de 10 %. Que faire ? À notre échelle, entamer une transition alimentaire vers plus de végétal et moins d'animaux, une alimentation bio, en circuits courts, réduire sa consommation des produits non essentiels, réutiliser, réparer et planter des arbres ! À côté de ça, chacun peut s'investir en local à travers la sensibilisation des voisins, la visite de son jardin, le soutien aux associations locales, le suivi des conseils municipaux et le vote pour les listes se rapprochant le plus de nos objectifs de développement de la vie.

Comment mieux connaître et comprendre sa terre

Il existe des tests simples que vous pouvez réaliser vous-même afin de mieux comprendre votre sol. Est-il plutôt sableux, argileux, limoneux ? Contient-il des cailloux ?...

LE TEST DU BOCAL

Voici une méthode à réaliser vous-même avec très peu de matériel. Munissez-vous d'un bocal en verre de 1 litre et remplissez-le au 2/3 avec de l'eau. Avec une petite pelle, prélevez un échantillon de votre terre, que vous tamisez, puis que vous ajoutez au bocal. Fermez le bocal et secouez-le bien pour répartir l'eau et la terre de manière homogène.

Observez le résultat : ce qui se dépose au fond, en premier, dans les cinq premières minutes, c'est le sable car c'est l'élément le plus lourd. Profitez-en pour mettre un coup de marqueur sur la délimitation.

Au bout de 5 minutes...

Attendez 1 heure pour voir une nouvelle réaction se produire : le limon va en effet créer sa couche, puis par-dessus l'argile. Encore à l'aide du marqueur notez leur position et calculez leur proportion par rapport à la hauteur globale de la terre dans le bocal.

Si votre terre contient 1/3 de sable, c'est qu'il a de fortes capacités de drainage. Davantage de sable pourrait être problématique car l'eau et les nutriments s'échapperaient trop facilement de votre sol, vous seriez contraint de faire des apports importants pour changer sa composition.

Au bout d'1 heure...

Vous pouvez ensuite placer un point sur le triangle représentant les trois catégories de sol pour déterminer le vôtre. Vous pourrez ainsi savoir à quelle catégorie votre sol appartient et adapter les apports et les plantations en fonction de cela. Certaines plantes préfèrent en effet les sols argileux, d'autres les sols sableux.

Pour aller plus loin, vous pouvez également réaliser un **test de pH** pour connaître l'acidité de vos sols et même une analyse en laboratoire qui vous coûtera une centaine d'euros, mais ce n'est pas nécessaire si vous n'avez pas de soucis à faire pousser des plantes. Cela peut vous éclairer en cas de déficit important d'un élément.

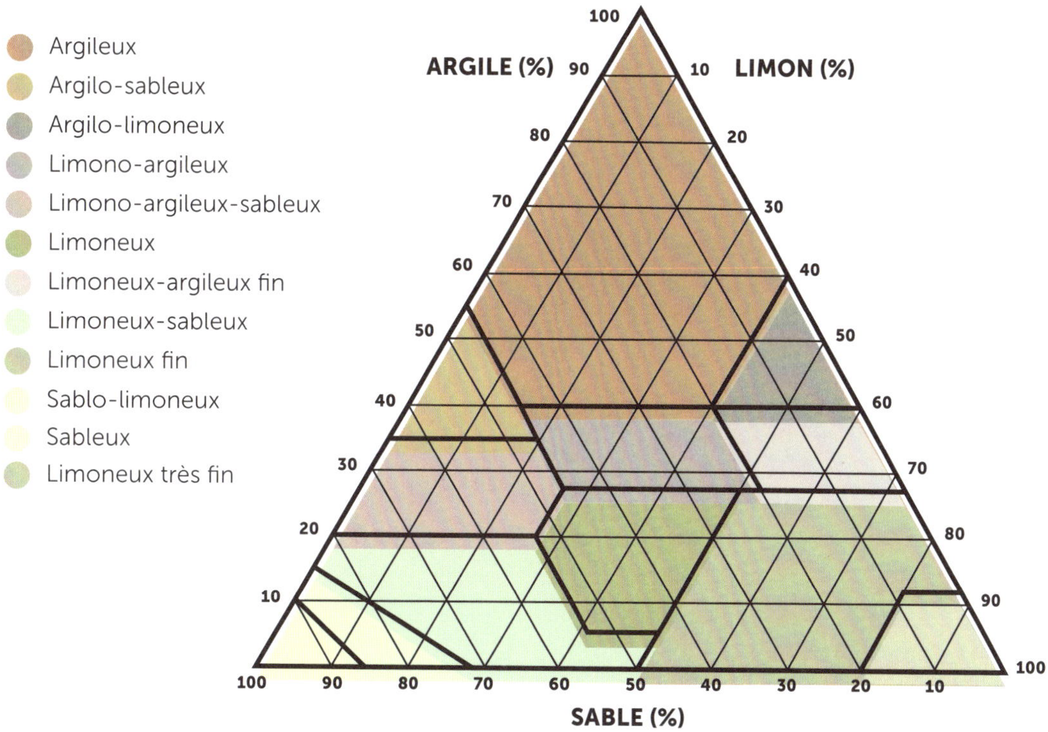

La répartition des composants

Porette ou plants de jeunes poireaux, prêts à être repiqués en terre.

On met les mains dans la terre !

À ce stade, le design aura été fait pour faciliter le positionnement des différentes cultures. L'idéal, si vous arrivez suffisamment tôt sur votre lieu, est de positionner des bâches ou un épais paillage naturel (paille de céréales, de chanvre…) sur les zones du futur potager afin d'étouffer les mauvaises herbes sur plusieurs mois. Ainsi, vous n'aurez plus qu'à le soulever pour voir apparaître un terrain grouillant de vie (vers de terres, carabes…) et propre de mauvaises herbes ou presque. Pas besoin d'un outil mécanique dans ce cas pour aérer le sol, une **grelinette ou campagnole** suffira, ce qui a l'avantage de se passer de pétrole et de ne pas broyer de vers de terre inutilement. L'ajout de matière organique permet d'équilibrer votre sol et de garantir que vous apportez bien ce dont a besoin votre plante. Fumier de cheval ou de vache, de poules ou de biquette, tout est bon. Il faudra uniquement penser à équilibrer entre matières concentrées et neutres, humide et sèche (carbone) mélanger les fientes de poules qui sont très puissantes avec de la terre par exemple. Le crottin est souvent fourni avec de la paille, ce qui permet de limiter la concentration. Un nouveau paillage pourra alors être positionné avant plantation. Attention, certaines plantes ne supportent pas une fumure trop fraîche et il faudra attendre que le fumier mûrisse au compost ou que vous plantiez plus tard.

Si votre apport n'est pas assez riche, vous pourrez toujours apporter de l'engrais liquide de type purin pour aider vos plants. Le mieux est de ne plus jamais marcher sur vos plates-bandes et de **toujours apporter de la matière** pour progressivement rendre votre terre riche et aérée. Les vers de terre feront le travail gratuitement. Seul hic avec cette méthode, elle est propice aux mulots et aux limaces qui peuvent être un peu trop gourmands. C'est une chaîne alimentaire qu'il faut alors reconstruire : introduire des arbres pour les rapaces, des abris à hérissons, des nichoirs pour les oiseaux qui se feront un plaisir de vous réguler tout cela… Vous devenez co-constructeur de votre oasis de vie et, pour que celui-ci fonctionne, il faudra du temps. Mais à chaque année suffit sa peine et des améliorations seront facilement notables dès les débuts. La nature est généreuse et sait très bien rendre pour le service rendu, quand on prend le temps de travailler avec elle et non contre elle.

LES ERREURS À ÉVITER : MANQUER D'HUMILITÉ

Manquer d'humilité quand on travaille avec dame nature amène toujours à de « belles claques » bien sonnantes. La lecture d'une bibliothèque complète sur l'agroécologie ou vos études supérieures d'architecture pourront vous apporter dans votre projet d'autonomie mais pas à la hauteur de l'expérience du terrain, les années, les échecs et l'apport des autres autour de vous. Alors apprenez le plus rapidement possible la leçon n° 1 de la nature : nous ne savons rien. Tant mieux, nous avons le reste de notre vie pour apprendre.

Poireaux et carottes en association.

Associations de culture et biodiversité

Afin d'aider vos cultures à se développer et à se défendre de ses nuisibles, l'association de culture est très efficace. Certains légumes, aromatiques ou fruits repoussent certains insectes ou nuisibles alors que d'autres les attirent. En les associant et en ajoutant des fleurs on arrive à créer un écosystème qui protège les cultures et développe la vie. Par exemple, vous pouvez associer des poireaux avec des carottes et ajouter en fin de planche de culture des soucis. Le poireau attire la mineuse, mais celle-ci n'aime pas l'odeur des soucis, et la mouche de la carotte déteste celle du poireau.

Association Milpa : haricot, maïs et courge.

Une autre technique qui nous vient d'Amérique latine s'appelle **la Milpa** ou « les trois sœurs » : elle associe une cucurbitacée coureuse (la courge patidou, par exemple), avec un maïs paysan et un haricot ('Borlotto', par exemple). La courge va recouvrir le sol (pas de désherbage) et se nourrir de l'azote redistribué par le haricot, qui lui-même va s'accrocher sur le maïs. Trois récoltes sur la même planche qui se complètent pour mieux croître.

Œillet d'Inde.

Semer des fleurs

PRAIRIES FLEURIES ET POLLINISATEURS

Prenons le temps de nous attarder un moment sur la fleur. Son éloge n'est plus à faire : en plus de nous réjouir par sa beauté, d'agrémenter nos salades estivales, de nous soigner, elle attire nombre d'amis collaborateurs du jardin, que sont les pollinisateurs et les insectes auxiliaires. En première année, il sera nécessaire d'acheter vos semences. Des mélanges existent spécial « prairie fleurie » qui peuvent être ajoutés en bordure de votre potager extérieur, et d'autres que vous ferez pousser en alvéoles pour venir les placer plus spécifiquement.

À la fin de la saison, n'oubliez pas de **récolter vos graines**, les fleurs en sont très généreuses et elles sont souvent très faciles à récolter. Vous serez ainsi riche de milliers de graines pour les années suivantes et vos jardins seront luxuriants de couleurs et de parfums, et grouilleront de vie. Voici mes préférées : soucis, œillets d'inde, capucines, cosmos, bourrache...

Chenille de papillon Machaon.

Échinacée.

Capucine.

Certains légumes, lorsqu'on les laisse monter à graine et donc en fleur d'abord, sont très intéressants, c'est le cas du fenouil. J'utilise sa fleur parfumée pour mes extractions de jus de fruits et de légumes, en infusion, sur les poissons. Ses graines sont médicinales et font de très bonnes infusions contre les maux de ventre.

LES ASSOCIATIONS AVEC LES LÉGUMES DANS LA SERRE

La serre étant une zone fermée et les fleurs de légumes-fruits (tomate, poivron, concombre, aubergine…) n'étant pas très attractifs pour les pollinisateurs, vous avez tout intérêt à venir y planter des soucis, des œillets d'Inde et des capucines. Outre leur intérêt pour les abeilles, et donc pour une meilleure pollinisation et fructification, ces fleurs ont aussi l'avantage de vous avertir en cas d'attaques de pucerons – la capucine les attire en premier – et font fuir certains nuisibles comme c'est le cas de l'œillet d'Inde avec les tomates (nématodes, pucerons, aleurodes…).

L'IMPORTANCE DE LA BEAUTÉ DANS LE JARDIN

Se promener dans ses rangs de légumes au milieu de massifs floraux parfumés nous donne un goût de paradis, de jardin d'Éden. Je ne peux plus concevoir un jardin nourricier sans cette beauté-là. Et, en laissant sauvage des zones de ma parcelle, je participe grandement au développement de la vie : mon jardin devient une oasis nourricière, avec l'aide des arbres, qui facilite le retour d'une chaîne complète de biodiversité.

CHAPITRE 3

ON ACCUEILLE SES PREMIERS ANIMAUX

LINDA BEDOUET & STÉPHANIE MAUBÉ

BONJOUR VEAU, VACHE, COCHON, COUVÉE !

Pourquoi des animaux ?

L'idée qu'on se fait de la ferme est forcément associée à celle d'avoir des animaux. Cela fait rêver et pas seulement les enfants, mais on ne se rend pas forcément compte de la charge de travail que cela représente. Il est indéniable que **ces êtres remplissent nos cœurs et nous apportent beaucoup de bonheur au quotidien**. Le tout est de doser entre le temps disponible, la motivation et le budget à allouer à cette activité d'élevage. Ensuite, il faut réfléchir si on souhaite en faire ou non une activité bénéficiaire, revendre des animaux, et/ou les consommer. Sinon, ce sera de jolies tondeuses certes un peu coûteuses mais avec un capital sympathie pour l'accueil du public, à vous de voir !

Autre paramètre à prendre en compte si vous décidez d'abattre quelques bêtes pour remplir votre frigo est de voir comment faire passer la pilule aux enfants. Selon leur âge, une action en discrétion ou en totale franchise devra être adoptée, mais que ce soit un joli mensonge nécessaire ou de la pédagogie autour de la chaîne alimentaire, ce sujet ne devra surtout pas être traité à la légère, au risque de créer une blessure qui ne s'effacera pas de leur mémoire.

Que vous choisissiez le plan tondeuse ou que vous suiviez la chaîne alimentaire, vous serez confronté à la maladie, à la souffrance et parfois à la mort. Et à la magie de la vie également. Cette expérience sera riche d'enseignements pour vos enfants qui n'ont vu cela qu'à la télévision pour la plupart et pour vous également probablement. À la ville, nous sommes complètement coupés de ces réalités et le retour à la campagne nous remet le nez dedans, à juste titre.

N'hésitez pas à vous former auprès d'éleveurs sur les rudiments et, ensuite, faites-vous plaisir ! Pour moi c'était un rêve d'enfant que d'avoir une ferme avec des animaux, et je suis extrêmement heureuse de me réveiller tous les matins face à mes moutons, de me laver les dents en regardant mes poules, d'aller chercher mes œufs pour le petit déjeuner, de voir mes chats chasser le mulot et réclamer leur caresse et, demain, de donner du foin avec mon fils à son poney et nos ânes. Ce sont des joies simples du quotidien à la campagne, et la cohabitation, si elle est respectueuse, apporte du charme et de la vie à votre propriété.

Des animaux et des hommes

PRÉAMBULE SUR L'ÉLEVAGE

Contrairement à la culture légumière, l'élevage est une thématique au cœur des questionnements contemporains. C'est un sujet qui nécessite de la nuance et du bon sens, autant que de la diplomatie et une vision large. S'interroger sur notre rapport aux animaux et à la consommation carnée nous fait grandir, quelle que soit notre conclusion personnelle.

CONNAÎTRE L'HISTOIRE DE L'ALIMENTATION POUR INFLUER SUR SON COURS

Dans la polyphonie actuelle sur ce sujet, le danger est d'adopter une vision superficielle de l'élevage, basée sur les dérives de l'agriculture de ces soixante-dix dernières années. Pourquoi soixante-dix ans ? Parce que l'après-guerre correspond à la création de l'Europe, convergence de plusieurs pays européens qui se sont fédérés autour d'un projet alimentaire commun. Ce « projet » consiste à sécuriser l'accès à l'alimentation pour les habitants de tous les pays meurtris par la Deuxième Guerre mondiale.

Avant-guerre, le modèle agricole dominant en France était encore celui des petites fermes vivrières où l'on produisait pour soi, avec vente du surplus au marché du village voisin. Ce modèle plurimillénaire correspond aux modèles de ferme à échelle humaine dont on rêve aujourd'hui : un assolement diversifié avec plusieurs cultures végétales (céréales, légumes et fruitiers), l'élevage d'une vache et de quelques moutons pour produire des protéines grâce au pâturage ; des cochons et des poules pour valoriser les déchets... Rien ne se perd, rien ne se crée... **l'économie circulaire est la base de la subsistance en milieu rural** – notre génération n'a pas inventé le concept, elle a juste mis un nom dessus !

QUAND LA VILLE ATTIRAIT...

Mais l'exode rural a vidé progressivement la campagne de sa population pour grossir celle des villes. Parallèlement, les États-Unis éblouissaient l'Europe par des progrès techniques révolutionnaires comme le développement des tracteurs et l'utilisation de molécules chimiques pour traiter le sol. L'accélération agricole était en marche : aujourd'hui, les paysans sont de moins en moins nombreux mais ils doivent produire de plus en plus. L'Europe les y incite avec ses nouvelles règles, qui consistent à cesser les productions diversifiées pour se concentrer sur une seule production dominante, destinée à être compétitive. L'augmentation des rendements est un objectif exponentiel. Il guide toujours l'agriculture mondialisée aujourd'hui.

Par **rendement**, on parle du volume de grains de blé récoltés sur une surface donnée, mais aussi vitesse de pousse, précocité, poids facturable. Dès les Trente Glorieuses, **l'élevage a subi le même sort** : on attendait des reproducteurs qu'ils mettent au monde davantage de petits, que ceux-ci atteignent plus vite le poids d'abattage et que leurs carcasses soient homogènes et interchangeables, afin de proposer à travers tout le pays une viande identique toute l'année. On a coupé progressivement les animaux du pâturage pour les surnourrir en bâtiment et booster artificiellement leur croissance, on a sélectionné des races plus productives, on a adapté leurs formes bouchères aux chaînes d'abattage et aux barquettes en polystyrène de supermarché.

LA PRODUCTION INDUSTRIALISÉE

Cette homogénéisation agricole signe le début du processus qui conduit à des poissons carrés, des nuggets surgelés sans poulet et des fraises aux couleurs pop mais insipides en toutes saisons. La société de consommation dicte aux consommateurs ce dont ils doivent avoir envie ; **la filière agricole s'adapte en produisant à contresens de la logique paysanne**. Quant au consommateur, il perd progressivement le goût des aliments comme le sens de la saisonnalité ou le rituel du repas partagé.

Grâce au recul de ces soixante-dix ans, nous avons désormais la lucidité de questionner : une civilisation qui se construit en ingérant des molécules malsaines, dégradées, vidées de leurs nutriments essentiels et porteuses de souffrance, peut-elle être en bonne santé ?

Du strict point de vue médical, la malbouffe provoque notamment obésité, diabète... Mais on sait également qu'elle draine un cortège de maux sociétaux tout aussi inquiétants : nos aliments sont devenus si mous qu'ils ne nécessitent plus d'être mâchés et s'avalent tout seul, mentant à notre cerveau quant à la satiété atteinte ; les plats préparés, malgré leur séduisant message de libération féminine, servent à recycler les sous-produits industriels les moins ragoûtants (déchets de viande moulinés pour être impossibles à identifier, cachés sous des sauces artificielles et médiocres trop salées, trop sucrées et trop gélatineuses) ; le palais des consommateurs occidentaux se conditionne au sucre et devient dépendant ; la *finger food* nous éloigne progressivement des repas pris assis à une table, de l'utilisation des couverts, de l'équilibre des produits frais et des végétaux de saisons.

Si vous tenez ce livre entre vos mains, c'est que ce constat vous épouvante autant que nous. Merci et foncez : la prise de conscience alimentaire conditionne l'évolution de notre humanité, et elle est en perte de repère sur le sujet !

DES PROTÉINES POUR UN GROS CERVEAU !

Mettons de côté la dérive infernale de ces soixante-dix dernières années, et faisons un saut dans le temps. Un très grand saut !

Au Paléolithique, l'hominidé est un cueilleur, un chasseur et un pêcheur : il prélève dans la nature au fil de ses besoins alimentaires. Si la cueillette nécessite observation et patience, la chasse booste la force physique des hommes et des femmes, développe leur sens de l'orientation et leur capacité à travailler ensemble autour d'un même objectif. La chasse est une dynamique collective et survivaliste qui soude le groupe.

Pendant longtemps, on mastique la viande crue, le plus vite possible pour ne pas se la faire voler par un charognard ou qu'elle pourrisse. Moyennement digeste, chaque bouchée de ce steak tartare sans condiment nécessite une mastication laborieuse avant d'être avalée. La conséquence est qu'on en ingère peu et pas vite. La découverte du feu et du principe de cuisson par Homo erectus révolutionne notre manière d'absorber la viande : attendrie par la cuisson, elle nécessite moins de temps de mastication, ce qui permet d'en ingérer davantage et une meilleure valorisation de ses nutriments. **L'évolution de ce régime alimentaire agit spectaculairement sur le métabolisme humain et surtout sur le développement du cerveau.** Sa taille et son fonctionnement font un bond de géant ! Et quand le cerveau se développe, ce sont toutes nos facultés cognitives qui suivent : langage et communication, habileté manuelle, stratégie alimentaire, collaboration de groupe, fertilité féminine, musculature, anticipation de la basse saison...

Lors de ses épuisantes séances de chasse, l'Homme découvre progressivement qu'il peut créer du lien avec les canidés sauvages et détourner à son profit leur capacité à rabattre le gibier dans des impasses stratégiques pour mieux le piéger. La domestication du chien est la première collaboration avec un animal sauvage. Ce partage des tâches ne s'est à ce jour pas démenti, et s'est même élargi : notre relation au chien est toujours fonctionnelle, qu'il s'agisse de chien d'aveugle, de garde, de berger, de sauvetage, ou de lien social en ville.

Il faut encore quelques dizaines de milliers d'années avant qu'un autre animal sauvage soit domestiqué : ce sera le mouton.

LE MOUTON : LE COUTEAU SUISSE DE L'ÉVOLUTION HUMAINE

Il y a 10 000 ans, l'ancêtre du mouton ressemble à un mouflon de montagne : il est petit, il porte des cornes, un épais pelage marron, et

il est doté du surprenant réflexe de se coller à ses congénères quand il a peur. Cela permet d'optimiser la chasse : quand un groupe de mouflons est poursuivi, ils ne s'éparpillent pas en tous sens mais se rapprochent les uns des autres. Les chasseurs comprennent vite comment utiliser à bon escient ce réflexe, en encerclant ou en poussant dans une impasse le groupe apeuré afin de l'attraper.

Bien que ce petit ruminant soit alors chassé pour sa viande, les longs poils qu'il porte sur le dos attirent l'attention des humains : ancêtre de la laine, ce pelage est grossier mais les fibres sont longues et la mue annuelle de l'animal permet de retrouver des mèches accrochées aux buissons. Collectées comme de la cueillette, elles servent assez tôt dans l'histoire pour l'habillement, bien que le procédé pour les rendre utilisables (filage puis tissage) nécessite davantage d'étapes techniques que les cuirs et les peaux, qui nécessitent juste d'être tannés pour être utilisés.

Après des millénaires de galopade éperdue derrière ces créatures qui courent plus vite que lui, l'Homme réalise, grâce à son gros cerveau protéiné et tout neuf, qu'il pourrait éviter de s'épuiser bêtement s'il canalisait le gibier afin de l'avoir tout le temps à disposition. Plutôt que tuer systématiquement les animaux qu'il attrape, il conserve les femelles et s'occupe d'elles pour les garder en bonne santé et proches de lui. C'est le tout premier principe de l'élevage ! Il repose sur une véritable collaboration gagnant-gagnant : l'Homme dispose certes de ce garde-manger vivant sous la main, mais à condition de s'en occuper. Les animaux que l'on « élève » ont besoin d'être protégés des autres prédateurs et d'être alimentés pendant la basse saison (l'hiver), quand la végétation sauvage se raréfie. Il faut donc être apte à les contenir dans un endroit fermé (une grotte ou un enclos fermé) et les mener quotidiennement là où il y a de l'herbe et de l'eau disponibles. Le chien aide désormais à maintenir le groupe soudé et à le mener d'un endroit à un autre.

L'instinct grégaire de l'ancêtre du mouton le prédispose naturellement pour ce destin, d'autant qu'il est l'herbivore le plus vulnérable de son espèce. Dépendre de la protection des humains est moins fatigant que lutter en permanence pour ne pas se faire dévorer par les carnassiers et gratter le sol pour béqueter trois touffes d'herbes en hiver.

DES PRESTATIONS À LA CARTE

Dans certaines régions – au sud du Croissant fertile, en Afrique de l'Est –, la chèvre l'emporte sur le mouton, mais ces deux espèces cochent toutes les cases utiles : elles fournissent de la **viande** grâce à leur aptitude à transformer en protéines la cellulose de la végétation, ressource gratuite et renouvelable à l'infini, mais qui n'est pas assimilable par le système digestif humain. Et elles produisent également du **lait**.

Cette matière première riche et polyvalente trouve vite une place essentielle dans notre alimentation : conservée sous forme de fromage, elle permet une autonomie saisonnière d'une matière grasse importante. La fabrication du fromage, basée sur la dégradation par les levures et la moisissure, augure de futures pratiques alimentaires basées sur la fermentation. La pratique éclairée de la fermentation va ensuite aboutir aux meilleurs aliments de notre gastronomie actuelle : le vin, le chocolat, le vinaigre, le café...

Si le mouton offre les mèches de laine de sa toison, les deux espèces concourent à fournir un cuir solide et des os qui servent à tailler des petits outils et des ornements. Leurs déjections, enfin, s'avèrent décisives dans le développement des cultures, en fertilisant les terres. Le ruminant dévoile alors tout son génie agronomique : il broute la végétation en même temps qu'il amende le sol, en produisant grâce à ses crottes une matière organique fertile.

On découvre le principe du **fumier** (encore plus fertile que les crottes fraîches) qui consiste à laisser maturer les déjections des animaux dans la grotte qui les a abrités, dans laquelle on a amené branchages et feuilles mortes (la litière) : ce mélange de carbone et d'azote se bonifie en maturant. Sa température monte tellement qu'il fume véritablement, ce qui tue les mauvaises bactéries ou les graines des mauvaises herbes. Lorsqu'il redescend en température, la matière organique est parfaitement dégradée et les nutriments assimilables par les racines des plantes.

La complémentarité entre fumier issu de l'élevage et culture de végétaux constitue jusqu'à nos jours le fondement de l'agriculture mondiale. On peut véritablement parler « d'or brun ».

ÉLEVER L'AUTRE

La sédentarisation des tribus nomades est indissociable du développement de l'élevage des petits ruminants. Ce postulat d'élevage peut d'ailleurs synthétiser notre rapport au vivant : « Je ne te pille pas, mais je prends soin de toi pour prélever ce dont j'ai besoin pour que la ressource soit durable ». La domestication du gibier sauvage relève d'un *deal* millénaire et précieux entre l'éleveur et l'animal. Ce dernier nous élève autant que nous l'élevons car sa vulnérabilité nous apprend à le protéger, le nourrir et le soigner ; sa craintivité développe chez nous douceur et d'observation ; son comportement grégaire nous éveille à la communication interne dans la troupe.

Au-delà d'un mode de production, le pastoralisme est une manière de vivre. Le troupeau donne le tempo !

LE BON SENS PAYSAN

Le développement de l'humanité va de pair avec sa diaspora : les groupes qui partent s'installer en Europe, en Asie et en Afrique emmènent leurs troupeaux dans leurs bagages. Et le darwinisme obtient le meilleur coup de pouce de son histoire, car les bergers sélectionnent les animaux les plus adaptés aux paysages dans lesquels ils s'installent.

La laine acquiert les qualités dont le mouton a besoin pour se protéger (plus ou moins imperméable, plus ou moins longue, serrée ou frisée) ; ses onglons expriment de la solidité ou de l'étanchéité selon le type de sol ; la cohabitation avec certains parasites génère des résistances naturelles ; la panse, organe complexe, s'acclimate progressivement à des végétations très diverses.

Cette sélection naturelle, basée sur l'empirisme et le bon sens paysan, dure plusieurs milliers d'années. On ne parle pas encore de « race » mais de « populations locales » adaptée à une même géographie et climatologie. Au sein d'un troupeau, les animaux y sont beaucoup moins standardisés qu'aujourd'hui : davantage de diversité physique comme génétique s'y exprime.

L'approche des « races » est récente dans l'histoire (moins de deux siècles) et amène une véritable sophistication, qui croît en parallèle de la découverte agronomique et zootechnique. Les moutons ne sont évidemment par les seuls concernés, car les chevaux, les vaches, les animaux de basse-cour, les cochons et les chèvres ont un destin similaire. Mais la précocité du mouton dans l'histoire de la domestication, ainsi que sa capacité à s'adapter et survivre dans des milieux différents, a généré une multitude de races. Parmi les cinquante races ovines identifiées en France, il y a de grandes chances pour que la nature du sol où vous vous installez corresponde au berceau d'une race régionale.

CONSTITUER SON PETIT ÉLEVAGE

Cohabiter avec un animal fermier engage notre responsabilité. Car il ne s'agit pas de l'acheter et de se comporter en heureux propriétaire, il s'agit de signer avec lui le pacte ancestral par lequel on s'engage à subvenir à ses besoins, en échange du don qu'il nous fait de viande, de lait ou de services. Cela nécessite de s'intéresser à sa véritable identité, et non à projeter sur lui une affection déplacée. **Respecter son identité, c'est aller au-delà de l'anthropomorphisme qui peut être une tentation dans un cadre familial.** Cela nécessite de bien comprendre sa mémoire génétique de gibier sauvage, sa domestication et sa sélection au sein de grands troupeaux pendant des millénaires, ainsi que son histoire récente (chamboulée par l'intensification de l'agriculture). On ne transforme pas un tel animal en « toutou de la famille ». Cette dernière approche ne serait pas respectueuse de son identité et traduirait un problème d'ego humain.

QUELLE ESPÈCE ANIMALE POUR VOTRE PROJET FAMILIAL ?

La nature de votre projet va permettre de vous diriger vers une espèce plutôt qu'une autre. Il faut évidemment lister vos objectifs et vos attentes, mais aussi prendre conscience de vos moyens techniques. De quelle surface disposez-vous ? Quelle est la nature de votre sol ? Quelle végétation y pousse naturellement ? Existe-t-il déjà des petites infrastructures sur votre site (cabane, abreuvoir) ? Visez-vous l'autonomie totale ou bien acceptez-vous une forme de dépendance (à l'alimentation extérieure ou aux voisins) ? Votre attente de l'élevage est-elle productive, de service ou de bien-être ?

Chaque espèce a des besoins précis qui sont quantifiables, notamment en surface d'herbe. Pour les herbivores, la végétation sur pied constitue la ressource alimentaire principale pendant une grande partie de l'année.

Les omnivores (poule, cochon) ont un rapport moins dépendant à l'herbe. Leur fonction primitive étant autant la production de protéines (œuf ou viande) que la valorisation des déchets végétaux ou carnés, leur espace de vie peut être restreint à condition qu'ils soient nourris avec des apports extérieurs. Dans ce cas, la prairie ne sera pas appréhendée comme leur espace de ressource alimentaire, mais comme un parcours qui agit sur leur moral et les occupe à fouir, fouiner dans la terre, se rouler dans la poussière...

Les poules

Les poules sont fantastiques ! Je peux passer des heures à les observer. Leurs interactions sociales, leur gourmandise, elles ont chacune leur caractère et nous rendent bien des services. Que ce soit pour leurs œufs, leurs fientes qui sont un très bon fertilisant, leur appétit pour les insectes qui permet de nettoyer les vergers et pour les déchets de cuisine et, enfin, quand on le souhaite, leur chair pour le rôti du dimanche. Elles ont la qualité d'être **assez autonomes**, pour peu qu'on leur fournisse des abreuvoirs automatiques, des mangeoires adaptées et qu'on veille à fermer leur poulailler le soir : elles ne réclament pas beaucoup plus. En observant les poules, on arrive à percevoir leurs racines préhistoriques de dinosaures. Elles peuvent être très cruelles entre elles et il ne vaut mieux pas laisser vos enfants jeunes en bas âge sans surveillance avec elles. Mais, dans la plupart des cas, elles sont curieuses sans être agressives et parfois même affectueuses.

LEUR NOURRITURE

Vous pouvez trouver dans le commerce des **mélanges tout faits** et bien pensés en général, en bio ou conventionnel. Les poules ont besoin de protéines, de vitamines, de minéraux et d'oligo-éléments, de lipides et, dans une moindre mesure, de glucides. Ainsi, un mélange blé, maïs, pois est efficace, en ajoutant des minéraux pour renforcer leurs coquilles, tels que du calcium, du phosphore et de la vitamine D3.

Évidemment, comme pour vous, le bio est à privilégier. Achetez en gros pour l'année pour être plus rentable, mais attention au stockage, il doit être hors d'atteinte des rongeurs et de l'humidité. En complément du grain, vous pouvez donner tous vos **déchets de cuisine** : végétaux, céréales, pain rassis, coquilles de crustacées et coquillages (moules, huîtres...) broyées de préférence à la masse. Vous pouvez leur redonner les coquilles de leurs œufs également, mais il est conseillé de les broyer sommairement pour ne pas leur donner la mauvaise idée de manger les œufs pleins de leurs voisines (cela arrive...). Attention tout de même à deux choses : les produits trop gras ou trop sucrés qui ne seraient pas bons pour leur santé et pourraient attirer les rongeurs.

De préférence, donnez-leur les restes le matin en plein jour et laissez-leur le temps de tout manger, pour ne pas attirer la vermine. Vous pouvez prévoir de les installer sous des arbres fruitiers, elles finiront les fruits véreux tombés plus tôt et les fruits pourris ; ainsi cela casse le cycle par exemple du carpocapse et autres chenilles, dont les larves resteraient sinon dans le fruit, et des maladies fongiques.

L'EAU

Les poules boivent beaucoup d'eau et celle-ci doit être constamment à disposition. Votre rôle est de surveiller que les réceptacles soient toujours bien propres. Ajouter un peu de vinaigre de cidre dans l'eau de temps en temps permet de nettoyer le matériel et également leurs estomacs de tous vers ou maladies.

LEURS SOINS

L'invasion de **poux rouges** est malheureusement très fréquente dans les poulaillers familiaux où un vide sanitaire n'est pas effectué chaque année puisque les volailles restent plusieurs années chez les gens – au contraire des élevages industriels et professionnels qui abattent les volailles chaque année, même en bio ! Ces petits prédateurs ont donc le temps de s'installer discrètement et de se multiplier à l'abri de la lumière. Ils peuvent dans certains cas provoquer la mort de l'animal par épuisement. Ce sont de redoutables suceurs de sang nocturnes qui s'attaquent aux volailles lorsqu'elles dorment. Elles sont ainsi sans défense. Pour lutter contre ces poux et éviter leur arrivée, changez la paille très souvent, une fois tous les deux mois et passez un coup de jet d'eau. Disposez du sable ou des cendres dans un coin pour la toilette de vos volailles et de la terre de diatomée dans les coins. Enduisez le bois d'huile de cade et de lin, et ajoutez de la lavande fraîche ou sèche.

LEURS PRÉDATEURS

Ces prédateurs sont le renard, la fouine, la martre, la blette, la corneille et les rats pour les poussins. Cela en fait du monde !

D'expérience, si vous avez des poussins, prenez-en grand soin ! J'ai perdu vingt-cinq poussins en quinze minutes avec les corneilles, et cinq de plus avec les rats. Ces razzias sont effectuées à une vitesse incroyable et font le festin de la faune sauvage. Faites également attention aux adultes, même si les attaques sont plus rares car ils savent se défendre et font nombre : rentrer vos poules le soir est vraiment primordial. Heureusement, des systèmes de fermeture par trappe fonctionnant au solaire ou à pile existent pour vous faciliter la tâche ! N'hésitez pas à investir un peu car il suffit d'une fois, d'un oubli pour le regretter amèrement. On s'attache à nos animaux et ce sont des proies faciles pour leurs prédateurs si l'on n'est pas suffisamment vigilant.

LEUR ESPACE

Pour moi, une poule est heureuse si elle peut explorer, gambader, creuser, chasser – elle est très efficace dans la chasse aux escargots, limaces, chenilles et même parfois petits serpents.

Selon le cahier des charges bio, les poules doivent disposer de 4 m^2 chacune à l'extérieur et ne doivent pas être plus de six par mètre carré à l'intérieur. C'est bien peu pour un petit élevage. Quand on s'installe à la campagne, on a souvent un peu de place, alors **faites-leur plaisir et ne les entassez pas**. Comptez 1 m^2 par poule dans votre poulailler, un pondoir pour deux, des barres pour qu'elles puissent se percher – c'est comme ça qu'elles aiment dormir – et, en surface extérieure, autant que vous pouvez. De toute manière, si c'est trop grand, elles n'iront pas trop loin de leur « maison », leur instinct de protection ne les y invitera pas, surtout s'il n'y a pas d'arbres. Chez nous, on a 200 m^2 de parcours dans le verger pour une dizaine de poules, et elles s'éclatent, elles n'ont pas besoin de plus ! Mais elles sont bien encadrées par une clôture pour ne pas qu'elles s'échappent et on les enferme chaque soir, sinon elles pourraient se faire attaquer par des prédateurs.

LEUR MATÉRIEL

Vous trouverez tout le matériel nécessaire sur des sites spécialisés en ligne ou dans votre animalerie. La base c'est un **abreuvoir automatique** – préférez celui en inox, plus résistant et plus propre – et une **mangeoire** – en inox également, c'est mieux que le plastique.

Le chant du coq, charme de la campagne !

LEUR REPRODUCTION

Cela peut sembler évident mais reprenons les fondamentaux (mon père à 70 ans ne le savait pas) : il faut un coq pour féconder les poules afin d'avoir des poussins ! Eh oui ! Et, *a contrario*, pas besoin de coq pour avoir des œufs. Nous mangeons dans ce cas des ovules non fécondés. Ce n'est pas super ragoûtant dit comme cela mais c'est la vie. Et donc, pour faire naître des poussins chez vous, il faut savoir un certain nombre de choses.

La récolte quotidienne des œufs.

Tout d'abord les œufs ont besoin d'être couvés **21 jours** par vos poules. Vous pouvez donc stocker quelques jours une certaine quantité d'œufs et les glisser sous la poule, de nuit de préférence, proportionnels à la taille de la poule (pas plus de huit œufs pour une petite poule, une quinzaine pour les grosses poules). Vous pouvez d'ailleurs choisir d'ajouter des œufs fécondés de canard ou d'oie, la poule s'en occupera comme si c'était les siens !

CONSOMMABLES OU PAS ?

Pour savoir si des œufs sont encore consommables, vous n'avez qu'à les mettre dans l'eau : s'ils flottent, il faut les jeter ; s'ils coulent, ils sont consommables, mais mieux vaut les cuire car ce ne sont peut-être pas des œufs extra-frais tout de même.

Ne choisissez pas une poule au hasard, il faut d'abord l'avoir vue motivée à couver. Si elle reste toute la journée sur son œuf, c'est bon signe, vous pourrez en rajouter. Si sa niche n'est pas isolée des autres, il vaut mieux faire un petit signe sur les œufs que vous avez ajoutés pour reconnaître si pendant une absence de la poule, d'autres n'auraient pas eu l'idée de pondre sur le nid. Au bout de deux semaines, vous pouvez vérifier que les œufs sont bien fécondés en allant dans le poulailler de nuit avec une petite lampe torche et ainsi mirer les œufs : fixez la lampe sur l'œuf comme pour faire une échographie ; s'il est obscur c'est que c'est plein, donc habité.

LES POUSSINS

Lorsque les poussins sortent de leur coquille il est préférable d'**isoler la mère avec ses petits**, les autres poules ou le coq pourraient avoir une mauvaise réaction. Ne forcez pas la sortie des poussins, vous pourriez les blesser.

Une alimentation appropriée pour poussins existe en animalerie, vous pouvez sinon leur préparer une bouillie bien mixée de céréales (maïs, ortie, graines huileuses) car ils ne peuvent pas encore manger de gros morceaux. Attention à l'abreuvoir : il ne doit pas être trop profond, sinon les poussins pourraient s'y noyer.

Ne laissez pas sortir vos poussins avant l'âge de 2 mois minimum pour éviter qu'ils ne soient la proie des rapaces, corneilles, rats, renards… et j'en passe. À la première sortie, soyez vigilant au coq et aux autres poules qui pourraient être agressives, ça arrive, même si maman poule veille et s'occupera de leur expliquer les rudiments de la vie dans une basse-cour. Il faut tout de même qu'ils arrivent à se débrouiller tout seuls et à se faire une place, mais c'est un peu nos enfants aussi, alors on les surveille quand même du coin de l'œil !

S'il y a des mâles dans votre couvée, vous le saurez vite : leur crête va pousser plus fort que les femelles. Quand ils sont plusieurs dans la basse-cour, cela peut vite devenir compliqué. Ils risquent de se battre et parfois jusqu'à la mort. J'ai assisté à un combat entre trois coqs dans mon ancien élevage : j'ai retrouvé, allongés par terre, la langue pendante, deux des trois individus, vaincus, raides morts ; le troisième, gravement blessé, a hélas succombé à ses blessures. Quelle bêtise ! Il y avait bien assez de femelles pour les trois, mais il faut croire que, selon eux, ce n'était pas le cas. Si vous vous retrouvez dans cette situation, isolez-les et soit vous les donnez, soit vous les vendez, soit vous les consommez (délicieux avec du vin en cocotte).

La mère-poule et ses poussins.

La vache

Si vous avez une grande surface herbagère à disposition (1 hectare par animal adulte), vous pouvez envisager d'avoir quelques vaches. C'est en tout cas légalement possible même sans statut d'agriculteur professionnel. Gardons en tête qu'une vache seule dépérira, et qu'il faut plutôt envisager **un duo** : pas un couple – un taureau ne se gère pas aussi facilement qu'une femelle – mais deux copines qui s'entendent bien (attention au caractère de dominante) ou bien une mère et sa fille.

À QUOI SERT UNE VACHE ?

La vache est le plus noble des ruminants. Sa taille imposante, sa lenteur de mouvement et son regard aux longs cils suscitent fascination et respect. Il existe des passionnés de vaches, réceptifs à l'**énergie calme et souveraine** qu'elles dégagent. Selon certaines théories, cette force tranquille provient de ses cornes et de ses pieds (elle n'a pas de sabots mais des onglons). Coupée des ondes du sol par cette matière isolante et captant l'énergie aérienne grâce à ses cornes-antennes, elle serait auréolée d'ondes électromagnétiques spécifiques.

Une vache sert à produire du lait si on la traite après la mise bas. Elle peut servir à ne produire que de la viande si on la mange, ou bien si on la laisse élever son veau.

OÙ ET COMMENT LA FAIRE ABATTRE ?

Il est obligatoire de l'amener dans un **abattoir agréé** : ces abattoirs proposent tous une formule type « abattage familial » pour les éleveurs qui souhaitent récupérer leur viande. Un service de découpe est parfois proposé par l'établissement ; sinon vous pouvez demander à un boucher indépendant de réaliser cette prestation pour vous.

Si la tradition de faire abattre à la ferme était tolérée jusqu'à récemment, elle est officiellement interdite. Le savoir-faire devient également difficile à trouver : tuer un veau dans son garage nécessite une infrastructure lourde (palan et poulie pour le hisser, chambre froide de grande taille pour faire maturer la viande, outillage de mise à mort type matador et coup de main aguerri qui va avec, maîtrise de la préparation de la carcasse...).

SES BESOINS

De l'herbe généreuse ! Une vache broute des grosses touffes de végétation, goûte aux branches des arbres, attrape les plantes en enroulant sa langue et en envoyant le tout au fond de son gosier. Cela occasionne des accidents quand elle ingère par mégarde un clou, une canette ou d'autres déchets dangereux (risque de mort). Elle a besoin d'être régulièrement déparasitée grâce à des vermifuges externes et internes.

Le principal besoin d'infrastructure consiste en un **parc de contention**, c'est-à-dire un petit espace aux parois solides dans lequel on peut pousser les animaux pour les immobiliser et leur administrer des soins (une piqûre, une boucle d'oreille à accrocher, des onglons à tailler). Les accidents d'élevage se produisent souvent lors de telles actions, c'est pourquoi il est important de concevoir un parc de contention solide et fiable, qui permet à l'éleveur d'intervenir en toute sécurité. Ne pas avoir d'étable peut être un choix : dans les régions tempérées, où l'hiver est doux, l'animal est mieux dehors qu'enfermé. Un simple appentis peut suffire pour lui distribuer du foin l'hiver, en lui laissant le libre-accès à la prairie – même dénuée d'herbe.

Pour tous les ruminants, effectuer une rotation des prairies est important : il vaut mieux scinder votre prairie et alterner les périodes de pâturage sur trois semaines que leur laisser un très grand espace à disposition. Elles ne l'entretiendraient pas de manière homogène, ce qui aboutirait à des zones sous-pâturées et des zones sur-pâturées, où se concentrent les parasites.

QUELLES RACES SONT ADAPTÉES À UN ÉLEVAGE FAMILIAL ?

La plupart des races de vaches furent longtemps « mixtes », c'est-à-dire autant sélectionnées sur leur capacité à produire du lait que de la viande. La dichotomie de ces aptitudes est assez récente dans l'histoire de l'agriculture : la Normande ou la Jersiaise ont par exemple été orientées sur la production laitière (quantité produite chaque jour, richesse en matière grasse et en taux protéinique) tandis que la Charolaise, l'Angus, la Blonde d'Aquitaine ou la Limousine ont été sélectionnées dans un objectif de production de viande (croissance rapide des jeunes animaux, chair persillée, muscles généreux...).

Dans un élevage familial, le choix peut se porter sur une race laitière, qui produira du lait aussitôt son veau né, mais il faudra alors la traire tous les jours ! Ces races proviennent d'élevages où elles ont été familiarisées depuis plusieurs générations : elles sont donc plus faciles à manipuler sans danger. Une race à viande, au contraire, sera réputée avoir plus de caractère, ce qui signifie qu'il faudra être bien vigilant pour éviter tout risque d'accident. Elle sera plus difficile à manipuler, surtout en période où elle a son veau sous elle.

LES OBLIGATIONS RÉGLEMENTAIRES

Même dans un cadre amateur ou de production familiale, vous devez déclarer votre vache au Service d'identification de votre département, qui est souvent hébergé par la Chambre d'agriculture. Votre vache devra porter des boucles aux oreilles et détenir une **carte verte** qui regroupe toutes les informations sur son identité (son élevage de naissance, son arbre généalogique...). Vous devrez désigner un vétérinaire référent, qui vous rappellera à certaines dates vos obligations sanitaires. Ce domaine s'appelle la prophylaxie : comme pour nos enfants, cela consiste à tenir à jour le calendrier des vaccins et des prises de sang obligatoires.

Même si vous n'élevez qu'une seule vache, vous pourrez faire l'objet de contrôles par les services vétérinaires et d'identification, au même titre que les élevages professionnels. Un animal sans vaccin ni prise de sang peut (dans le pire des cas) vous être retiré.

Outre ces obligations sanitaires, la notion de bien-être animal est un enjeu social de plus en plus prégnant : vous devez donc pourvoir à ses besoins élémentaires tels que de l'herbe en quantité ou du foin, de l'eau potable, des vermifuges réguliers, des pierres à lécher pour sa complémentation en minéraux, un espace suffisant pour qu'elle soit épanouie, un compagnon du quotidien pour qu'elle ne s'ennuie pas...

POURQUOI ÉLEVER MARGUERITE VAUT QUAND MÊME LE COUP ?

Parce que c'est la classe ultime ! Cette créature noble domine placidement la pyramide de l'élevage. Elle est une ambassadrice des territoires, un symbole de générosité et de fertilité. Sa présence sereine et bienveillante nous ancre puissamment dans le terroir.

Le mouton

NOTE AU LECTEUR

L'autrice de ces lignes* a la conviction que le mouton est l'animal idéal, clé de la paysannerie d'avenir, de l'autonomie alimentaire régionale et d'une relation respectueuse aux paysages. Elle s'engage cependant à faire preuve d'honnêteté intellectuelle et listera les (rares) défauts de cet animal.

PRÉSENTATION DU MOUTON

Son humilité et sa tempérance le précèdent. Son **instinct grégaire** également (souvent considéré comme de la stupidité). Mais n'oublions pas que c'est grâce à ce trait de caractère qu'il a survécu aux prédateurs et a été le premier animal domestiqué par les humains !

Comme la vache, c'est un **ruminant** : il possède les fameux quatre estomacs que l'on apprend à l'école. Sa morphologie pourrait d'ailleurs se résumer à un ventre rond, autour duquel gravitent quelques organes fonctionnels. L'essentiel de sa vie consiste à remplir sa panse d'herbe (il broute huit heures par jour), puis à la ruminer (huit heures par jour également) et enfin à dormir (en ruminant encore un peu pour trouver le sommeil).

QUEL QUE SOIT VOTRE PROJET, UN MOUTON Y CORRESPOND !

Le mouton est une espèce considérée comme rustique, mais cette réputation lui fait finalement du tort.

* Stéphanie Maubé !

La **rusticité** fait rêver en donnant l'impression que l'animal se débrouille seul et s'épanouit dans une herbe médiocre, sans soin ni intervention sanitaire. Ce fantasme conduit le plus souvent à l'échec. Les rares races présentant une rusticité avérée sont les descendants des populations qui ne sont pas passées à la moulinette des croisements améliorateurs depuis 200 ans. Ces croisements ont souvent consisté à apporter du sang anglais et hollandais pour améliorer la prolificité et le format de carcasse. Autrement dit : on a mis des gros béliers prolifiques sur le dos de petites brebis locales qui vivaient à la rude. Or, plus une race gagne en productivité, plus elle devient fragile.

Puisque vous n'envisagez *a priori* pas d'avoir un élevage intensif ni dépendant du cours mondial du soja (sinon, la lecture de ce livre doit franchement vous déstabiliser !), vous devez rechercher la sobriété chez vos animaux et les orienter vers **le plus de résistance possible**. Le même principe de sélection que les premiers bergers qui orientaient leur troupe vers les qualités qu'ils recherchaient.

SES BESOINS

Le mouton a besoin d'herbe de prairie naturelle et diversifiée. C'est un herbivore et non un granivore. Si le petit complément hivernal est bienvenu dans l'auge (orge ou maïs-grain), l'essentiel de son alimentation est l'herbe verte sur pied et le foin sec en période hivernale. La clé de son bien-être est la rumination : il faut qu'il ait toujours la panse pleine. Toujours ! **Ses besoins alimentaires varient au cours de l'année, de la saison et de l'heure de la journée.** Car le fonctionnement de la panse repose sur une osmose avec les bactéries complexes de sa flore : ce sont elles qui prémâchent la nourriture que le mouton avale. Sans le travail de ces bactéries, pas de rumination possible, et donc pas d'assimilation des nutriments.

Le matin, le mouton a besoin de se remplir la panse avec des fibres sèches et grossières, propices à la rumination. La nourriture plus raffinée et calorique – petite herbe fine de regain, foin de trèfle ou luzerne, céréales – devra arriver après, pas avant la fin de matinée pour être optimisée.

Sensible au parasitisme, il devra être traité régulièrement. Les parasites les plus épouvantables sont internes – ne tapez jamais « douve du foie » dans un moteur de recherche ! Si la rotation de pâturage sur un cycle de trois semaines contribue à diminuer la pression parasitaire, vous ne couperez pas au vermifuge. À ne jamais lésiner sur les animaux de moins de 2 ans.

D'un point de vue fonctionnel : pas besoin d'une bergerie de luxe, une **cabane** fait l'affaire pour permettre aux moutonnes de mettre leur petit à l'abri l'hiver. Le froid n'affaiblit pas le mouton, mais le vent et la pluie si. Mettez en revanche le paquet sur la **clôture** en grillage pour éviter les fugues ! Soulignons que les palettes en bois semblent avoir été inventées pour les bergers puisqu'elles constituent la base de nos parcs de contention et nos barrières !

QUELLES RACES SONT ADAPTÉES À UN ÉLEVAGE FAMILIAL ?

Le bon sens pousse naturellement à s'intéresser aux races locales de la région où l'on se trouve, d'autant qu'elles sont souvent menacées, et que contribuer – même modestement – à leur maintien confère une belle dimension patrimoniale à votre démarche.

Davantage qu'un standard de race parfait ou qu'une inscription au Flock-book, privilégiez des **critères d'élevage de naissance de l'animal**. Assurez-vous que le vendeur a des pratiques herbagères extensives et qu'il ne sur-nourrit pas ses animaux. Une brebis trop chouchoutée ne parvient pas à s'adapter au changement de régime brutal : si elle débarque chez vous dans un environnement trop différent, elle s'affaiblira, voire pourra mourir.

LES OBLIGATIONS RÉGLEMENTAIRES

Il y en a peu, bien que certaines maladies soient réglementées à l'échelle nationale ou régionale, et qu'un vaccin doive être administré certaines années. Une prise de sang pour déceler la brucellose est cependant obligatoire tous les cinq ans.
Vous devrez déclarer vos animaux au Service d'identification du département, afin de leur apposer **deux boucles d'oreilles** (dont une contenant une puce électronique, faisant l'objet de controverses).

POURQUOI LES MOUTONS NOUS RENDENT-ILS HEUREUX ?

Parce qu'ils sont philosophes ! Le ciel peut leur tomber sur la tête, ils continuent de brouter avec placidité. N'espérez pas qu'ils deviennent très familiers : ils ne viendront pas vous faire de câlins (excepté si vous les avez nourris au biberon). Respectez leur indépendance et leur timidité, et profitez de la curiosité des agneaux. Leur sens de la fatalité les rend attachants, ce n'est pas pour rien que la Bible en a fait des animaux cultes ! Ils l'expriment imperceptiblement, mais ils ont une véritable sensibilité et aiment les rituels rassurants, pas les changements. La personnalité de certains, qui peut mettre des années à s'affirmer, en fait de loyaux compagnons sur le long terme.

La chèvre

Elle partage de nombreux traits de caractère avec le mouton. Elle est une version plus malicieuse et coquine que lui, recherchant beaucoup le **contact avec l'humain**. Moins indépendante (on peut parler de pot de colle !), il faut lui consacrer plus de temps.

Elle est également très sujette au parasitisme et supporte encore moins que le mouton l'humidité, y compris l'herbe mouillée. Selon la région où vous êtes, il faudra la complémenter en foin une grande partie de l'année.

Le cheval

Il est noble et admirable mais fragile, coûteux et très dépendant d'interventions extérieures : frais vétérinaires, maréchal-ferrant, boxes, ration alimentaire précise... En élever relève davantage du loisir que de la quête d'autonomie, c'est pourquoi nous ne l'aborderons pas.

Si votre projet inclut de la traction animale, l'âne est alors plus pertinent.

L'âne

L'âne est le compagnon par excellence ! Doté d'un regard d'une intense beauté, il est affectueux et intelligent. Et parfois têtu. Normal, cela va ensemble : il n'aime pas effectuer une tâche qu'il ne comprend pas.

QUE FAIRE AVEC UN ÂNE ?

Pour travailler le sol en maraîchage, ses petits sabots et sa démarche lente de mannequin (un pied bien devant l'autre) sont plus pertinents que le cheval. Il peut rendre d'autres services comme débarder du bois ou être bâté (porter un bât sur son dos) afin de porter des charges lourdes.

SES BESOINS

Lui, il est vraiment **rustique** et **facile à nourrir**. Il lui faut un compagnon, qui peut être d'une autre espèce, il sera amical. Avant d'en adopter un, réfléchissez bien à la relation que vous nouerez avec lui au regard de sa longévité. N'oubliez pas que des centaines d'ânes traînent leur mélancolie dans un bout de champ, délaissés par leur propriétaire qui ne lui ont pas confié de véritable mission et ne savent pas quoi en faire.

LES OBLIGATIONS RÉGLEMENTAIRES

Votre âne devra être pucé et déclaré à l'Institut Français du Cheval et de l'Équitation.

Le cochon

Il symbolise la générosité et la ripaille. Pas une ferme sans un cochon ! Voici *Recyclator,* la créature qui valorise tous vos déchets organiques, végétaux comme carnés.

SES BESOINS

Si l'imagerie rurale les montre dans une soue – petit espace fermé et sans lumière dans lequel on engraisse le cochon familial en lui apportant les reliefs du repas, du petit-lait et des céréales –, ils s'épanouiront davantage **dehors**. Leur passion à fouir le sol avec leur groin en ferait presque des motoculteurs, ce qui est pertinent pour retourner et enrichir le sol avant de le mettre en culture. En revanche, son poids et sa force rendent vite le cochon difficilement maîtrisable : les clôtures doivent être très puissamment électrifiées, au risque qu'il s'en rende compte et s'échappe. Parce qu'en plus d'être affectueux, il est **très intelligent** !

À QUOI SERT UN COCHON ?

Soyez cependant lucide sur la finalité : il faudra **manger votre cochon** à l'automne.

D'abord parce que l'arrivée de l'hiver vous privera des ressources alimentaires gratuites (végétaux du jardin, fruits sauvages, déchets de légumes, céréales achetées « au cul du tracteur » de l'agriculteur voisin...) mais aussi parce que sa vaste carcasse doit contribuer à la survie hivernale de la famille !

Tuer le cochon ne s'improvise pas seul : il s'agit d'une énorme corvée à organiser avec des voisins et amis. Tuerie, préparation de la carcasse, parage de la viande, découpe, hachage et cuisson des terrines et du boudin : toutes ces tâches doivent être effectuées dans la foulée. Prévoir deux jours de nettoyage de la cuisine ! Mais quelle fierté indicible de décongeler une rouelle de cochon en considérant que sa viande restitue la quintessence de toute la belle saison de votre ferme familiale.

CHAPITRE 4

ET SI ON COMPLÉTAIT PAR LA CUEILLETTE ?

CLAIRE MAUQUIÉ

RÉÉVALUER SES HABITUDES ALIMENTAIRES

Pour commencer, je vous invite à passer à table et à réaliser un exercice simple : étalez sur une table tout ce que vous allez manger dans une journée et analysez ce menu. Combien d'ingrédients avez-vous utilisés ? Quelle est leur provenance ? Quel est le coût total du menu ? Comment ont été produits ces ingrédients ? Ont-ils subi une transformation ? Après analyse, vous vous apercevrez peut-être que vous pourrez opérer quelques ajustements pour dépenser moins d'argent, en intégrant quelques ingrédients qu'il vous sera facile de glaner ou de cultiver vous-même.

J'ai réalisé cet exercice un jour d'avril (voir ci-contre) et j'ai analysé mon menu selon quatre critères : le prix, l'impact sur ma santé, la provenance des ingrédients et l'impact écologique lié à leur mode de culture. Ce jour-là, trente-deux ingrédients sont entrés dans la confection de mon menu, et tous les plats étaient faits maison.

Le curseur Santé

Dans cet exemple, 70 % des ingrédients ont été consommés crus ou fermentés. Ce n'est pas très classique, mais ce type d'alimentation m'a permis depuis 2015 de retrouver une certaine forme physique, une peau saine, plus d'énergie et d'endurance, et de dire au revoir à mes problèmes de fatigue chronique. C'est probablement parce que le fait de manger cru, fermenté, avec beaucoup de feuilles vertes est non acidifiant et favorise la bonne santé du microbiote intestinal.

1. Ail
2. Acacia
3. Ciboulette
4. Pomme de terre
5. Moutarde
6. Figue
7. Sarrasin
8. Tilleul
9. Ortie
10. Pissenlit
11. Violettes
12. Bourrache
13. Kiwi
14. Carotte
15. Tournesol
16. Lin
17. Genévrier
18. Sel
19. Citron
20. Vinaigre
21. Huile
22. Pomme
23. Noix
24. Fraise
25. Mélisse
26. Sucre
27. Poire
28. Pois chiche
29. Riz
30. Chocolat
31. Bambou

HEURE	PLATS	DESCRIPTION
11 h 30	smoothie vert 4	une pomme + un kiwi + 50 g d'orties
12 h	salade sauvage 1	pissenlits + feuilles de violettes + feuilles de tilleul + fleurs de bourrache et de pâquerettes, carottes lactofermentées
	sauce salade	huile, vinaigre, citron, fromage de tournesol, baies de genévrier, sel
	wrap 7	wrap cru déshydraté à base de graines de lin + fleurs d'acacia, fourré avec des carrottes lactofermentées, du fromage de tournesol et des feuilles sauvages
	dessert 5	verrine mixée de noix réhydratées + pomme + fraise
16 h	fruits	une poire
	idli et chocolat 8	« pain indien » maison à base de riz et pois chiches trempés, mixés, fermentés et cuits à la vapeur, avec deux carrés de chocolat mélisse sauvage fermentée avec du sucre et de l'eau
	boisson 6	mélisse sauvage fermentée avec du sucre et de l'eau
18 h	kotu de bambous 9	« idlis » indiens maison à base de riz et pois chiches + pousses de bambous + fleurs d'acacia
	fromage végétal 2	fromage végétal maison à base de pois chiches
	pommes de terre	patate bouillie assaisonnée avec de la moutarde
	dessert 3	gâteau cuit à base de farine de sarrasin, fleurs d'acacia et figues séchées

Peu importe votre type d'alimentation, dans le cadre de cet exercice on peut utiliser l'application gratuite *Cronometer* pour vérifier que le menu est correct sur le plan de la santé, c'est-à-dire qu'il nous apporte la quantité journalière recommandée de macronutriments et de micronutriments, sans surcharge ni carence. On rentre tous les ingrédients dans le logiciel, en précisant pour chacun le mode de préparation et la quantité. On précise aussi son âge, son sexe et la quantité d'exercice physique effectuée ce jour.

Ce menu m'apporte exactement le nombre de calories dont j'ai besoin aujourd'hui. Il contient 60 % de glucides, 30 % de lipides et 10 % de protéines. Le tableau de bord montre aussi que ce menu répond à mes besoins en micronutriments, sans surcharges ni carences. Je suis légèrement en dessous de 100 % concernant le calcium, vitamine B2 et les oméga 6, ce que je compenserai les jours prochains. La vitamine B12 est à zéro, car le logiciel ne prend pas en compte que les aliments lactofermentés en contiennent. Concernant les surcharges, il est par exemple très important de surveiller que la jauge « Trans-Fat » soit la plus basse possible.

Par ailleurs, mon régime est composé de 60 % d'ingrédients crus, 13 % d'ingrédients fermentés, 10 % d'ingrédients cuits et 16 % d'ingrédients « transformés ». Par ingrédients transformés, j'entends ceux achetés non bruts, déjà conditionnés ou préparés, comme l'huile d'olive, la moutarde, le chocolat, le sucre ou le vinaigre.

Le curseur Prix

Le prix total pour la journée s'élève à un peu moins de 3 euros. Il faut noter que tous les ingrédients sont issus soit de la nature environnante, soit de l'agriculture biologique. En fait, 47 % des ingrédients ne m'ont rien coûté, puisque récoltés dans le potager familial ou glanés dans l'année par ma famille et conservés. C'est le cas des noix, des figues, des pommes, des fraises et de toutes les feuilles sauvages. Le prix mentionné ne représente que le prix d'achat des ingrédients – je n'ai pris en compte ni le coût énergétique de la préparation, ni le prix du transport pour aller faire les courses.

Le curseur Provenance

47 % des ingrédients proviennent d'un rayon de 500 mètres autour de chez moi. 13 % viennent du département (petits producteurs bio). 6 % proviennent de la région (graines oléagineuses), 28 % du pays (céréales, légumineuses et produits transformés), et 6 % de l'étranger (sucre et chocolat).

Le curseur Impact écologique du mode production

L'impact écologique et énergétique du mode de production n'est pas le même selon que l'ingrédient utilisé provient d'une culture potagère, d'un jardin-forêt, d'une monoculture ou d'une cueillette sauvage.

Une culture potagère de plantes annuelles demande de la présence et un arrosage régulier, tandis qu'un système de jardin-forêt est productif sur le long terme avec un minimum d'entretien, sauf les premières années. Le jardin-forêt est un système plutôt autonome, qui produit énormément de biomasse contribuant à l'aggradation et à la régénération du sol. Ce sol forestier riche en humus et en racines d'arbres permet d'absorber et d'intégrer dans le sol l'eau de pluie. Grâce à sa structure en trois dimensions et à la diversité d'essences présentes, il représente un habitat privilégié pour la faune locale et permet donc de recréer un écosystème équilibré peu soumis aux maladies et aux ravageurs. Au contraire, un mode de production en monoculture a tendance à conduire à l'appauvrissement des sols, l'apparition de maladies, nécessite de la mécanisation et l'apport d'intrants.

Pour être autonome dans mon alimentation quotidienne, et avoir le moins d'impact écologique, je privilégie dans l'ordre :

1. **Les ingrédients issus de la cueillette :** ici, les verdures sauvages comme le pissenlit, l'ortie, la mélisse, le genévrier commun, les fleurs de robinier faux acacia...
2. **Les ingrédients issus d'un mode de production type jardin-forêt :** ici, les noix, pommes, poires, bambous qui poussent chez moi ou dans les environs.
3. **Les ingrédients issus d'une culture potagère :** ici, les carottes et la pomme de terre achetées à des maraîchers voisins.
4. **Les produits issus d'une monoculture :** ici, le tournesol et le lin produits dans la région et commercialisés en gros.

On observe que 47 % de mes ingrédients sont sauvages ou proviennent d'un jardin-forêt, mais que 41 % proviennent d'une monoculture. Voici certainement un point à améliorer !

Les pistes d'amélioration

Au vu de cette analyse, comment puis-je agir pour améliorer chacun de ces quatre aspects ? L'usage des plantes comestibles sauvages est un atout santé qui me permettra de gagner du temps, de l'énergie et de l'argent sur la culture de laitues ou autres légumes à feuilles. Je privilégierai aussi la culture de jardin-forêt. En effet, je pourrais certainement me passer du côté réconfortant du chocolat si j'avais accès à une plus grande diversité de fruits juteux et sucrés, de plantes dépaysantes et savoureuses comme la baie aux cinq saveurs (*Schisandra chinensis*), la plante caramel (l'herbe aux faisans dorée), l'asimine, et aussi d'oléagineux gourmands type noisettes, amandes, noix, noix de *Torreya nucifera*, de céphalotaxe et bien d'autres. De même pour le sucre, je pourrais le remplacer par de la sève d'arbre, comme l'érable ou le bouleau, ou des fruits séchés très sucrés, comme la figue ou la sorbe.

Ingrédients	Poids (g)	Prix au kilo	Prix (€)	Provenance	Type de culture	Préparation
Tilleul	150	0	0	Mon jardin	Forêt comestible	Cru
Pissenlit				Mon jardin	Sauvage	Cru
Violette				Mon jardin	Sauvage	Cru
Mélisse				Mon jardin	Sauvage	Cru
Bourrache				Mon jardin	Sauvage	Cru
Pâquerette				Mon jardin	Sauvage	Cru
Ortie				Mon jardin	Sauvage	Cru
Pomme	150	0	0	Mon jardin	Forêt comestible	Cru
Fraise	10	0	0	Mon jardin	Potager	Cru
Figue séchée	30	0	0	Mon jardin	Forêt comestible	Cru
Bambou	80	0	0	Mon jardin	Forêt comestible	Cuit
Noix	30	0	0	Mon jardin	Forêt comestible	Cru
Fleur d'acacia	40	0	0	Mon jardin	Forêt comestible	Cuit
Genévrier	3	0	0	Mon jardin	Sauvage	Cru
Ciboulette	3	0	0	Mon jardin	Potager	Cru
Poire	100	4,9	0,49	Département	Forêt comestible	Cru
Kiwi	40	4,9	0,196	Département	Forêt comestible	Cru
Carotte	50	3,5	0,175	Département	Potager	Fermenté
Ail	3	5	0,015	Département	Potager	Cru
Riz	50	4,99	0,2495	France	Monoculture	Fermenté
Farine au sarrasin	40	5,66	0,2264	France	Monoculture	Cuit
Pois chiche	50	4,05	0,2025	France	Monoculture	Fermenté
Pomme de terre	200	3	0,6	France	Monoculture	Cuit
Huile	10	6,4	0,064	France	Monoculture	Transformé
Vinaigre	10	2,5	0,025	France	Monoculture	Transformé
Sel	3	2,35	0,00705	France	Monoculture	Cru
Citron	10	3	0,03	France	Monoculture	Cru
Moutarde	10	3,5	0,035	France	Monoculture	Transformé
Tournesol	20	8,9	0,178	Région	Monoculture	Fermenté
Lin	20	5,35	0,107	Région	Monoculture	Cru
Chocolat	20	16	0,32	Outre-mer	Monoculture	Transformé
Sucre	10	3,8	0,038	Outre-mer	Monoculture	Transformé

IDENTIFIER LES RESSOURCES COMESTIBLES

Quand je partage le compte-rendu de mes balades cueillettes, certaines personnes me disent : « J'aimerais pouvoir faire comme toi, mais je ne connais pas les plantes sauvages ! » La vérité, c'est que moi non plus je ne suis pas une experte.

En effet, c'est ma première année dans le Quercy après plus de huit années en climat tropical, et je ne suis pas familière des plantes de ma région natale. Alors, comment s'en sortir quand on n'est ni botaniste ni passionné expérimenté ?

Le 16 août, j'ai trouvé 59 espèces alimentaires dans un rayon de 50 mètres, dont :

- **Quatorze plantes sauvages :** plein de feuilles vertes très nutritives pour faire des salades sauvages, ainsi que des aromatiques, des mûres et même des... glands ! Les glands sont tous comestibles après lessivage et, réduits en farine, permettent de confectionner du pain, des gâteaux, des pâtés végétaux... les plantes sauvages poussent toutes seules sans effort, c'est gratuit et il n'y a qu'à se baisser !
- **Seize plantes issues de mon jardin-forêt :** plusieurs variétés de pommes, de poires, de prunes, de figues, des fraises, des framboises, des noisettes... De quoi faire des barres énergétiques, des gâteaux, des boules gourmandes, des salades, des sauces. Ce sont des arbres, des arbustes ou des couvre-sol pérennes qu'il n'y a pas besoin de replanter chaque année et qui forment un écosystème résilient et autonome au bout de quelques années. Et bien résistants à la sécheresse qui devient hélas habituelle.

29 PLANTES DU POTAGER

1. Maïs
2. Pommes de terre
3. Tomates 3 variétés
4. Courgette
5. Haricots
6. Aubergine
7. Radis
8. Navet
9. Capucine
10. Agastache
11. Plante curry
12. Consoude
13. Patate douce
14. Menthe chocolat
15. Romarin
16. Carotte
17. Poirée à carde
18. Oignon
19. Oseille
20. Chou Kale
21. Chicorée
22. Verveine
23. Rose
24. Basilic
25. Bégonia
26. Thym
27. Bourrache
28. Persil
29. Piment

16 PLANTES DE LA FORÊT COMESTIBLE

1. Raisin 4 variétés
2. Fraises
3. Framboises
4. Figues
5. Prune Reine Claude
6. Prune dante
7. Passiflore bleue
8. Noisettes
9. Sureau
10. Laurier sauce
11. Bissap
12. Arbre salade
13. Vigne
14. Tilleul
15. Pommes 3 variétés
16. Poire

14 PLANTES SAUVAGES

1. Origan
2. Armoise
3. Fenouil
4. Violette
5. Pissenlit
6. Plantain
7. Chénopode
8. Ortie
9. Mauve
10. Pourpier
11. Églantier
12. Genévrier
13. Glands
14. Mûres

Le 16 août dans un rayon de 50 mètres : 59 plantes comestibles !

- **Vingt-neuf plantes issues du potager,** dont sept plantes aromatiques, cinq plantes racines, des légumes-fruits, des légumes-feuilles… Le potager apporte de la diversité et un bon rendement à court terme, mais cela demande du travail pour faire les semis, planter, arroser, et il faut recommencer chaque saison et chaque année.

Les feuilles vertes sauvages : une bombe nutritionnelle !

Si je suis si motivée à détecter et utiliser les plantes et les fruits trouvés dans la nature, c'est d'abord parce que je souhaite soigner mon régime alimentaire, en intégrant en particulier beaucoup de fruits et de verdures, si possible sauvages.

Les plantes sauvages sont de manière générale plus nutritives que les plantes cultivées, une petite quantité étant souvent plus nourrissante qu'une laitue classique. Quand je vivais en ville, j'achetais des salades et des fruits issus de l'agriculture biologique mais souvent cultivés en monocultures. Je ne me sentais pas comblée et, par conséquent, je pensais un peu trop souvent à manger. En venant m'installer à la campagne en France et en intégrant dans mon régime des plantes trouvées dans la nature, je me suis rendu compte que j'étais très facilement rassasiée, que mon transit était parfait, et que cela me dégageait du temps et de l'influx nerveux pour d'autres activités !

Concernant les verdures sauvages, il y en a une grande diversité toute l'année dans un rayon de seulement 20 mètres autour de chez moi. Cet hiver, mes salades étaient composées de nombrils de Vénus, qui poussent dans les interstices des murets en pierre, mais aussi de feuilles de violette, de mâche, de lamier pourpre, de pimprenelle, de menthe sauvage. Au printemps, j'ai trouvé des asperges sauvages, de l'alliaire, de la mélisse, des jeunes pousses de ronces et, bien sûr, beaucoup d'orties et de pissenlits. Cet été, le plantain, le chénopode, le pourpier, l'origan sauvage et les feuilles d'arbres, comme le tilleul, ont pris le relais. À l'automne, je me suis à nouveau régalée de pissenlits, mauves et mélisses.

Bien sûr, le panel de plantes disponibles dans la nature varie selon la région et le type de sol mais, dans tous les cas, vous devriez y trouver votre bonheur !

Parterre sculpté de plantes sauvages, qui bénéficie des jeux d'ombre et de lumière créés par les bambous à gauche et les différents arbres fruitiers à droite. Il y a beaucoup d'orties, de mauves, de pissenlits, de mélisse, de jeunes pousses de ronce. Il y a aussi du cerfeuil non comestible, que je coupe au fur et à mesure pour laisser les plantes comestibles occuper l'espace.

Comme je récupère ces plantes sauvages tous les jours pour ma salade du midi, je souhaite les trouver dans un rayon proche de la maison, un peu comme la zone 0 en permaculture, c'est-à-dire celle où l'on va le plus souvent (voir page 32). Il est donc important de laisser à ces herbes sauvages l'espace et le temps nécessaires pour s'épanouir en vue de pouvoir les identifier. Et pourquoi pas d'en sculpter quelques parterres. Si vous passez la tondeuse tous les quatre matins, vous n'avez aucune chance !

Comment observer et identifier les plantes

Alors, comment s'y prendre pour identifier les plantes ? Tout d'abord, j'observe. Je ne sors jamais sans un appareil photo ou un téléphone, que j'utilise pour immortaliser une plante dès que celle-ci attire mon regard, parce qu'elle présente une fleur, un fruit ou une feuille remarquable.

Les **applications d'identification de plantes**, comme *PlantNet*, *Picture This*, *iNaturalist*, sont plutôt fiables. Je privilégie *iNaturalist* car les plantes sont identifiées par des experts et passionnés locaux, des humains donc. Une fois que je dispose d'une proposition d'identification, je fais une recherche sur internet pour découvrir plus de caractéristiques de la plante, voir si elle est comestible et surtout si elle a des faux amis. Si les faux amis existent, je l'élimine d'office car je n'ai pas assez de connaissances botaniques pour les différencier et il y a définitivement d'autres choix plus sûrs ! Je vérifie également si la suggestion d'identification proposée fait effectivement partie de la flore présente dans le département. Par exemple, la plate-forme « Préservons la nature » propose des fichiers Excel contenant la liste de toutes les plantes par départements français, ce qui facilite les recherches. Enfin, rien ne vaut une confirmation ultime auprès d'un voisin né dans le coin, qui a certainement consommé toutes ces plantes dans son enfance.

Je n'aurais pas su identifier les violettes, dont les feuilles sont comestibles, sans avoir remarqué leurs fleurs s'épanouir au mois de février. Ce n'est qu'au mois de mai en voyant toutes ces ombelles mellifères et odorantes que j'ai compris que le sureau noir, avec lequel on concocte de délicieuses boissons fermentées, affectionne les bords de rivières. De même pour le robinier faux acacia que j'ai identifié grâce à ses cascades de fleurs au printemps. Au mois de septembre, j'ai découvert que beaucoup d'arbres qui accompagnent mes balades sont nourriciers, car ils dévoilent leurs fruits et leurs baies à ce moment-là : c'est le cas de l'alisier torminal (*Sorbus torminalis*), du pistachier térébinthe (*Pistacia terebinthus*), du néflier d'Allemagne (*Mespilus germanica*) ou encore du cormier (*Sorbus domestica*), arbre majestueux dont on ramasse les fruits une fois qu'ils sont tombés sur le sol. Il paraît que les Romains faisaient fermenter ces derniers pour confectionner une boisson proche du cidre ou qu'ils les faisaient sécher pour les consommer durant l'hiver.

Les glands : la base de l'autonomie alimentaire ?

Nos paysages français sont dominés par les chênes, notamment le chêne pédonculé (*Quercus robur*) et le chêne sessile (*Quercus petraea*). Saviez-vous qu'au XIIe siècle le chêne était référencé dans les ouvrages d'arbres fruitiers ? Différentes espèces de glands ont été consommées pendant des siècles dans l'hémisphère nord, en Turquie, au Japon, en Espagne, aux États-Unis, et aujourd'hui encore la farine de glands est commercialisée en Corée, notamment utilisée pour confectionner le *dotorimuk*, un plat gélatineux consommé en accompagnement ou en plat principal.

Le gland apparaît comme une **ressource alimentaire intéressante** : dans 100 g de glands, on trouve 600 kcal, 8 g de protéines, plus de minéraux que dans la pomme de terre, autant d'acides gras que dans l'olive (oméga 3, oméga 6, acide palmitique, acide stéarique), ainsi que des aminoacides, des vitamines A et C. Si un chêne produit 50 kg de glands, une personne pourrait être autonome pendant 1 an avec 10 chênes sur 1 000 m^2 !

On reconnaît le chêne pédonculé à son gland dont la cupule est rattachée à la branche par un long pédoncule. Au contraire du chêne sessile, où le gland et les cupules sont directement fixés sur le rameau. Il y a souvent des croisements entre ces deux individus, ce qui rend l'identification parfois compliquée. Mais dans tous les cas, **leurs glands sont comestibles après traitement pour retirer les tanins**.

On commence par les récolter lorsqu'ils sont tombés au sol ; ils sont soit de couleur marron soit de couleur verte. On évite ceux qui sont infestés par les larves, on peut les identifier plus sûrement en réalisant un test de flottaison. Si on veut stocker les glands pour une longue durée, on veillera à bien les faire sécher pour éviter qu'ils ne soient infestés par des petits champignons qui développent des mycotoxines. Sinon, le plus sûr pour éviter ce genre de contamination est paradoxalement de les stocker dans de l'eau, car les petits champignons ne peuvent pas se développer sans oxygène. On change l'eau de temps à autre, une fois par semaine par exemple. Ce mode de stockage présente l'avantage d'activer le processus de germination et de fermentation, qui ont tous deux la capacité de réduire les tanins. Le gland du chêne pédonculé est en effet riche en tanins, qui représentent à peu près 9 % du poids du gland sec, une fois pelé. Les tanins, c'est ce qui donne cette amertume et cette astringence peu agréables quand on le goûte cru. On peut réduire les tanins hydrolysables par plusieurs méthodes, comme le lessivage à froid dans l'eau courante d'une rivière (voire dans le réservoir de la chasse d'eau des toilettes si vous vivez dans un environnement plus moderne), l'hydrolyse thermique, comme la cuisson ou la torréfaction, l'hydrolyse chimique, l'hydrolyse enzymatique comme la germination ou la fermentation.

Il existe une grande diversité de recettes à réaliser à partir des glands : une fois lessivés, on peut les faire sécher et les moudre en farine pour réaliser des biscuits, des pâtes, des pâtes à pizza et même du pain ! Enfin, en France, on trouve aussi des variétés de chênes à glands doux, notamment dans l'espèce *Quercus ilex*. Leurs glands sont plus faciles à préparer car on peut les consommer crus. On peut même en faire de l'huile ou du café !

Le glanage dans les villages

Dans les villages et en campagne, il y a beaucoup d'arbres fruitiers délaissés, que ce soit sur l'espace public ou privé. Dans le sud de la France, les arbres les plus fréquents que l'on trouve dans les villages, sur les places ou dans les anciennes haies bocagères, sont les cerisiers, pruniers, noyers, figuiers, pommiers, mûriers, aubépines, églantiers, arbousiers, alisiers, néfliers...

GLANER LIBREMENT ?

Lorsque l'arbre est situé dans une propriété privée, il convient de demander l'autorisation à son propriétaire avant de réaliser le glanage. Peut-être sera-t-il intéressé pour en récupérer une partie ? Dans tous les cas, il est autorisé de récupérer les fruits d'un arbre qui tombent au sol, sur un chemin public.

Personnellement, j'ai établi une carte mentale de l'emplacement de ces fruitiers dans un rayon proche de mon village, et j'en fais régulièrement le tour pour glaner leurs fruits. J'ai ainsi récupéré plusieurs kilos de cerises au mois de mai, de prunes au mois de juillet, de figues à partir de fin août, de noix en octobre, mais aussi de pommes, de poires, de sorbes, d'alises...

L'EXEMPLE DES ÉCUREUILS RAMASSEURS

À Sarlat, dans le Lot, l'association *La Pelle aux Idées* a créé une branche nommée « Les écureuils solidaires ». Les membres proposent aux personnes ayant un jardin ou un verger délaissé de réaliser les récoltes à leur place. Ces récoltes sont divisées en trois parties : 25 % pour le propriétaire, 25 % pour les cueilleurs et 50 % pour une association sociale et solidaire.

Depuis le lancement, ils ont récolté des pommes ou encore des noisettes chez des particuliers, des châtaignes dans les bois, des courges et des piments en surplus chez des agriculteurs. C'est un bon compromis pour lutter contre le gaspillage alimentaire, créer des circuits courts et du lien social !

LA CONSERVATION

Bien souvent, on se retrouve avec des kilos de fruits à gérer suite à une séance de glanage. Pour ma part, je consomme une partie tout de suite et je conserve le reste par séchage. Pour ce qui est des fruits à noyaux, je commence par les ouvrir pour les débarrasser de leurs noyaux. Ainsi ouverts, ils sécheront plus vite ! Je les pose sur une grille de type moustiquaire placée de telle sorte que l'air puisse circuler au-dessus et en dessous. Si possible, il faut éviter que cet espace de séchage soit exposé au soleil direct car, au-delà d'une certaine température, les UV endommagent les propriétés nutritionnelles des aliments. Par temps pluvieux, j'utilise un déshydrateur électrique et je laisse sécher une vingtaine d'heures à 40 °C. Une fois que les fruits sont bien secs, je les conserve en bocaux ou dans des sachets en papier.

Séchage des prunes.

RECETTES FACILES

Grâce aux plantes sauvages et aux fruits glanés çà et là, on peut composer une variété de recettes nutritives et gourmandes qui, mises bout à bout, permettent de réduire le budget nourriture de la famille et de remplacer certains efforts fournis dans la micro-ferme par des balades cueillettes !

SMOOTHIE VERT AUX FEUILLES VERTES

Je ne commence pas une journée sans un smoothie vert : il favorise l'ingestion d'une grande quantité de feuilles vertes car le broyage permet de faciliter la mastication et la digestion des fibres. Pour un goût optimal et délicieusement sucré, on ajoute des fruits de saison dans le mélange, la proportion idéale étant en volume 2/3 de feuilles vertes pour 1/3 de fruits.

Pour les feuilles vertes, j'utilise selon la saison un mélange de pissenlits, orties, plantains, feuilles de tilleul, mauve, chénopode. J'utilise volontiers les orties car le smoothie permet de les consommer crues sans avoir à déplorer leur aspect piquant ! Pour les fruits, j'utilise une bonne partie de l'année les fruits du jardin-forêt ou du glanage : cerises, prunes, pêches, mûres, figues, sorbes, poires, kakis, figues de Barbarie. En hiver, j'apprécie la combinaison poire, kiwi, orange, juteuse et savoureuse. Optionnellement, pour un résultat encore plus gourmand et onctueux, vous pourriez ajouter une petite proportion de graines oléagineuses préalablement réhydratées pendant quelques heures (graines de tournesol, noix, amandes).

Si les fruits choisis ne sont pas très juteux, vous devrez rajouter un peu de liquide dans le robot mixeur de façon à obtenir une texture liquide. De mon côté, je préfère ajouter du kéfir de fruit plutôt que de l'eau, car cela renforce le goût et évite l'oxydation du mélange. À déguster rapidement pour profiter de tous ses bienfaits !

SALADE SAUVAGE

Tous les midis, je commence mon repas par une généreuse salade de feuilles vertes et sauvages. Ces dernières favorisent la digestion des autres aliments, on devrait en fait en intégrer à tous les repas ! Selon les saisons, je compose un mélange de pissenlits, nombrils de Vénus, jeunes feuilles de tilleul, pourpier, fleurs et feuilles de mauves, chénopode, mâche, asperges sauvages, lamier pourpre, feuilles et fleurs de violettes, ailière, pimprenelle et quelques autres. Mélanger plusieurs plantes permet d'assurer une salade à la texture et à la saveur agréable. J'aime assaisonner la salade avec des légumes lactofermentés, tels que carottes, choux ou betterave, ainsi qu'avec de la mousse fermentée de tournesol ou de noix qui apporte une texture grasse et agréable (voir ci-dessous).

MOUSSE FERMENTÉE DE NOIX

Avec beaucoup de graines oléagineuses, comme les noix, les amandes, les graines de tournesol ou encore les graines de courge, on peut confectionner des mousses fermentées qui servent de base fromagère (mais végétale) pour agrémenter bon nombre de recettes.

1. Faites tremper vos noix toute une nuit, afin de faire disparaître les inhibiteurs d'enzymes peu digestes tout en activant la germination et la biodisponibilité des nutriments. Pensez à bien rincer vos noix après le trempage.
2. Mixez vos noix au robot en ajoutant un peu de liquide : si possible du liquide fermenté comme du kéfir, du jus de légumes

lactofermentés ou du levain de gingembre. À défaut, ajoutez du jus de citron afin de favoriser un pH propice à la fermentation lactique.

3. Ajoutez vos épices préférées dans la pâte obtenue : sel, poivre, ail, fines herbes...
4. Laissez fermenter votre mélange dans un pot en verre fermé pendant 24 heures. Ne le remplissez pas complètement, le mélange va gonfler au fil des heures pour devenir mousseux, vous verrez apparaître des bulles d'air.
5. Après 24 heures, vous pouvez déguster votre fermenté de noix tel quel, tel un fromage à tartiner, ou bien le mettre dans un moule et l'affiner pendant quelques jours, à température ambiante ou au réfrigérateur. Il se déshydratera et durcira progressivement pour obtenir une texture optimale au bout d'une semaine environ. Pendant cette période, pensez à le retourner régulièrement.

BAMBOUS SAUTÉS

Le sauté de bambous est mon plat préféré du mois d'avril, lorsque les jeunes pousses pointent leur nez. Les prélever permet de réguler la progression parfois invasive des bambous traçants et, en plus, c'est délicieux ! À ma connaissance, toutes les espèces de bambous sont comestibles, mais certaines contiennent de l'acide cyanhydrique ou d'autres substances amères qui disparaissent après la cuisson. On prélève les jeunes pousses lorsqu'elles font entre 10 et 20 cm de hauteur. On les décortique pour ne conserver que le cœur, que l'on tranche en lamelles. Après avoir blanchi les lamelles à l'eau bouillante, on prépare notre sauté à la poêle, avec de l'ail, de l'oignon et du gingembre en assaisonnement. La touche finale : les fleurs de robinier faux acacia à ajouter en fin de cuisson, qui abondent à la même saison !

PESTO DE PLANTAIN

Le plantain est largement présent sur les sols tassés ; les feuilles comme les boutons floraux à prélever à la fin du printemps sont comestibles. Pour réaliser le pesto, on mixe généralement au robot quelques poignées de feuilles de plantain, un oignon, de l'huile d'olive et du jus de citron pour éviter l'oxydation si on ne le consomme pas immédiatement. Pour ma part, je mixe simplement les feuilles de plantain avec ma mousse fermentée de tournesol maison, en ajoutant un peu d'eau pour obtenir une texture onctueuse, mais sans autre assaisonnement. Un régal !

STEAK DE GLANDS

Pour cette recette, j'ai opté pour un lessivage des tanins à chaud, qui est la méthode la plus rapide. On commence par éplucher les glands, manœuvre qui est beaucoup plus aisée une fois que les glands sont secs. Je les ai broyés en petits morceaux grâce à un marteau, car le fait d'avoir des particules plus petites permet de lessiver les tanins plus rapidement. Je fais cuire les glands dans cinq fois leur volume en eau, et puis je change l'eau lorsque celle-ci devient très brune. Je la remplace par une eau déjà chaude, car l'eau froide fixerait les tanins sur le gland au lieu de les évacuer. Je répète cette opération plusieurs fois, jusqu'à ce que l'eau s'éclaircisse et que le gland n'ait plus d'amertume. Ici, j'ai réalisé huit lessivages successifs !

Pour réaliser ce steak de glands, j'ai broyé mes glands au robot, puis mélangé le gland broyé avec des flocons d'avoine réduits en poudre au robot, ainsi que de l'oignon et quelques épices comme du sel et du poivre. Pour encore plus de saveur, on peut y ajouter de la tomate séchée ou des olives !

CUIRS DE SORBES ET BOISSON PÉTILLANTE FERMENTÉE

CUIR DE SORBES

Lors des balades cueillettes, il arrive que l'on collecte plusieurs kilos de prunes, de figues, de sorbes ou de cenelles, et que face à de telles quantités, la question de leur conservation se pose.

Le cuir de fruit est une option intéressante, il n'y a pas besoin d'ajouter de sucre ni de procéder à une cuisson comme pour les confitures, et c'est une gourmandise pratique à emporter en balade. Il suffit de broyer les fruits en purée en utilisant un robot ou un presse-purée, après les avoir débarrassés de leur noyau ou pépins le cas échéant. On étale ensuite cette purée sur une plaque avec une épaisseur d'environ 1 cm. Si on dispose d'un déshydrateur électrique (l'idéal), on y placera notre futur cuir pendant une quinzaine d'heures à 40 °C. Au-delà de cette température, la chaleur est susceptible de détériorer les nutriments. À défaut de déshydrateur, on peut utiliser un four classique réglé à la plus basse température pendant quelques heures.

BOISSONS PÉTILLANTES FERMENTÉES ANTI-GASPI

Après avoir réalisé votre cuir de sorbes, il va vous rester tout un tas de peaux, de pulpe et de graines. Ne vous précipitez pas au compost, on peut s'en servir pour confectionner une succulente boisson pétillante naturellement fermentée.

C'est très simple, il suffit de trois ingrédients : le résidu de votre purée de sorbes, du sucre et de l'eau. Pour trois portions de résidus de sorbes, on aura besoin d'une portion de sucre et de dix portions d'eau. En fait, le fruit contient naturellement des levures sauvages qui, mises en contact avec le sucre, vont activer le processus de fermentation. La préparation se déroule en deux temps : la première phase de fermentation dans un bocal en verre, qui dure entre trois et cinq jours (plus ou moins rapide selon la température ambiante). Puis, après filtrage, la seconde phase d'environ deux à trois jours se déroule dans une bouteille hermétiquement fermée, ce qui permet de retenir le gaz carbonique dégagé. Pendant la première phase, on prend soin de remuer le mélange une ou deux fois par jour pour bien mettre les levures en contact avec le sucre. On sait que celle-ci est terminée lorsque le mélange frémit lorsqu'on le remue : cela signifie que la fermentation est bien active.

Cette recette peut être réitérée avec bon nombre de fruits, épluchures de fruits, fleurs ou plantes aromatiques. Il vous faudra moins d'une semaine pour réaliser votre pétillant de fruits forestiers anti-gaspi qui fera certainement fureur auprès de vos amis !

TARTE GOURMANDE SANS CUISSON

Réaliser une tarte uniquement à partir des produits de la cueillette et du glanage, est-ce possible ? Pour cette recette à réaliser à la fin de l'été, on utilise des fruits de saison à la fois pour la pâte et pour la crème. Elle ne nécessite pas de cuisson, elle est vivante et elle est gourmande !

- **Pour la pâte :** broyez les noisettes en poudre fine au moulin, découpez les figues séchées en petits morceaux, mélangez les noisettes et les figues en pétrissant bien pour former une pâte, que vous étalerez au fond d'un moule (c'est mieux si le fond est amovible). Placez le plat au frigo.
- **Pour la crème :** mixez les noix (préalablement réhydratées) avec les poires pour former une crème épaisse. Pour éviter qu'elle ne s'oxyde, je rajoute du jus de citron ou du kéfir. Versez la crème sur la pâte et réservez au frais quelques heures.

Pour la garniture, laissez tremper vos mûres ou vos poires finement tranchées dans une solution de jus de citron (ou kéfir) et de miel, pendant quelques heures. Placez sur la tarte avant de servir. C'est prêt !

CHAPITRE 5

LES PREMIÈRES RÉCOLTES

S'ORGANISER EN CUISINE

On les attend de tous nos vœux, et un jour elles arrivent : les premières récoltes ! La satisfaction qui vous envahit est difficilement qualifiable. Peut-être pour la première fois de votre vie vous constatez, vous touchez, vous goûtez le résultat de votre travail ! Cela paraît fou, mais qu'est-ce que cela fait du bien ! On se sent fier, capable et tellement chanceux. On tombe vite dans la magie de la vie et chaque récolte apportera toujours ce petit pincement de fierté des débuts. Moi je ne m'en lasse pas ! Cela fait maintenant partie de mon équilibre, faire pousser, prendre soin, récolter et valoriser, magnifier le fruit de mon travail pour faire plaisir aux gens que j'aime. C'est ma recette du bonheur.

Spéciale dédicace à la première tomate, cette culture est une des plus techniques, longues, chronophages et fragiles qu'il soit. Le mildiou n'est jamais très loin et si on délaisse un tant soit peu ses plants de tomates, il peut attaquer votre culture et ruiner tous vos efforts. Entre la première graine semée en février et la première tomate rougissant timidement fin juin-début juillet, ce sont des heures passées en compagnie de vos plants de tomate. L'émotion à la cueillette lorsque vous sentez que vos doigts s'enfoncent tendrement dans la chair chaude et odorante de votre première tomate… n'importe quel colosse lâcherait sa petite larme de satisfaction !

Le stockage

Au début, on consomme en flux tendu, comme on dit. On veille tout de même à anticiper et à préparer le stockage de retour de cueillette. L'idéal est de disposer d'une **pièce fraîche à l'abri de la lumière directe**, facilement accessible par la cuisine. Positionnez les récoltes par type, à plat si possible pour pouvoir enlever à temps les spécimens pourris. J'ai la chance d'avoir une arrière-cuisine/buanderie qui remplit merveilleusement ce rôle. Sas entre le jardin et la cuisine, c'est le parfait endroit pour le stockage temporaire avant transformation et valorisation. Les fruits et les légumes attendent patiemment l'heure de leur cuisine.

La plupart des fruits et des légumes ne se mettent pas au frigo (comme les œufs d'ailleurs), à part la salade nettoyée et à qui on laisse un peu d'eau au fond de l'essoreuse, cela n'aura d'utilité que de leur faire perdre le goût. Pas la peine de les laver trop rapidement non plus, la terre apporte une conservation supplémentaire. En revanche, les fanes pompent la sève et rendent donc vos légumes à fanes mous rapidement, il est donc judicieux de les couper et de les manger (délicieux en soupe ou pesto) ou de les donner au lapin, cochon, équidés de la ferme.

POINT ŒUFS !

Il ne faut jamais laver les œufs car vous ôteriez leur pellicule de protection. Vous pouvez garder vos œufs 1 mois après la ponte dans un endroit sec (le frigo n'est pas nécessaire), voire plus si vous utilisez une méthode de conservation adéquate (voir page 122).

Pour perdre un minimum de denrées, utilisez votre stock en fonction de sa longévité. Les aubergines ramollissent avant les pommes de terre ? Ce soir, je fais des beignets. Les tomates commencent à juter dans leur caisse ? Vite sauce bolognaise ce soir, les courgettes peuvent attendre... Avec le temps, cela deviendra un réflexe, et il vous sera simple de suivre le rythme du jardin, en fonction de ce qu'il a à vous offrir.

Quel suivi ?

Quand l'été pointe le bout de son nez, on peut se faire déborder facilement, encore plus si on s'absente quelques jours. Difficile en revanche de s'absenter davantage sans qu'il n'y ait un peu de surveillance des cultures (maladies, prédations, arrosage...). Mais comme on crée un paradis et que la saison de la haute production est celle où les jours sont les plus beaux, pas besoin d'aller ailleurs à cette période, c'est chez nous qu'on est le mieux !

Quand j'étais maraîchère, donc dépendante financièrement des récoltes, je prenais tout de même un mois de vacances à la période la plus basse en activité, c'est-à-dire entre mi-décembre et mi-janvier. Cela ne m'empêchait pas de faire quelques virées à la mer l'été et de me sentir un peu en vacances, mais j'ai pris l'habitude d'avoir du repos en même temps que mes terres et finalement je trouve cela bien plus logique et normal.

LE COIN CUISINE !

La conservation de vos produits

Il existe depuis des temps immémoriaux de nombreuses méthodes de conservation des aliments, les quatre principales étant **le sel, l'huile, le sucre et le vinaigre**. À cela s'ajoutent **le fumage, le séchage, la congélation et la cuisson en conserve** (chauffer et mettre hors d'air). Au niveau des risques sanitaires, ils sont proches de zéro si vous respectez bien le processus et les quantités. Le seul risque est celui du botulisme qui fait très peu de cas chaque année. En respectant bien les consignes et les dosages, vous n'avez rien à craindre.

Parmi toutes ces solutions, certaines seront plus adaptées au produit que vous souhaitez conserver : la fraise, en confiture et congélation ; le poireau en soupe en conserve ou congélation ; la betterave en lactofermentation ou au vinaigre…

Ensuite, c'est une question de goût et d'acquisition des savoir-faire, en sachant que la technique la plus rapide est la congélation, et la meilleure pour la santé et la moins énergivore étant la lactofermentation (ajout d'eau salée dans des râpés de légumes et en conserve à froid). Les confitures maison sont délicieuses et vous pouvez mettre moins de sucre que celles des grandes surfaces. J'adore en faire mais souvent les fruits arrivent tous en même temps à maturité et à une période où je suis déjà bien occupée. Alors souvent je les stocke au congélateur pour les ressortir quand j'ai un moment à l'automne ou à l'hiver.

L'idéal pour faire ses conserves à chaud est d'investir dans un réchaud à gaz et un stérilisateur de grand format ; ainsi, vous pouvez faire de nombreux pots d'un seul coup et gaspiller moins d'énergie. Sinon, ça marche aussi en bain-marie au four.

Variations autour de la fraise !

Pour le séchage, il existe des tutoriels pour construire son déshydratateur solaire ! Zéro énergie fossile et des fruits et légumes (et champignons) conservés pour des mois.

ASTUCE

Vous pouvez prolonger la conservation des œufs en les congelant ! Battez-les, puis placez-les dans une poche. Notez bien sur le sachet le nombre d'œufs auquel la préparation correspond.

La cuisine fait partie de ma vie, je m'y réalise, m'exprime et me détend. Je fais partie depuis une petite dizaine d'années du mouvement international *Slow Food*, qui défend les valeurs du « bon », « propre » et « juste ». Je trouve ce combat essentiel. Le plaisir de la table avec ces valeurs-là est pour moi un trésor de l'humanité qu'il faut préserver car tout en découle : la sauvegarde de notre écosystème naturel et humain ! À travers la préservation des semences et races anciennes, des savoir-faire locaux et autochtones, des paysages et des paysan(ne)s, cuisiner est un acte militant qui prend tout son sens.

Et même si pour vous cuisiner est juste un acte nécessaire, défendre ces valeurs en soutenant ces causes et en choisissant bien vos produits vous apportera du plaisir au final car quand ce sont de bons produits, pas besoin de faire de la grande cuisine pour vous régaler et être en bonne santé. **L'important, c'est le produit, c'est lui qui fait tout.** Crus, en soupe, en extraction de jus, vous goûterez la différence et votre corps vous dira merci. Ainsi, vous faites plus que cuisiner : en pensant au terroir qui a vu pousser vos produits, aux paysan(ne)s qui y ont mis tout le cœur, et en récompense de vos efforts vous pourrez dessiner des paysages culinaires.

Mes recettes : entrée

SOUPE FROIDE DE CONCOMBRE CHÈVRE FRAIS MENTHE

Ingrédients pour 6 personnes :

- *2 beaux concombres*
- *1 oignon chinois (ou japonais, c'est la même chose, un oignon cive ou ciboule)*
- *1 gousse d'ail doux*
- *Un petit chèvre frais de votre fromager bio local*
- *3 cuillerées à soupe de fromage blanc*
- *Sel et poivre*
- *Une dizaine de belles feuilles de menthe*
- *Un trait de jus de citron ou de vinaigre selon les goûts*
- *Glaçons (s'il fait très chaud)*

1. Égrainez les concombres et enlevez un peu de peau s'ils sont amers.
2. Émincez l'oignon et l'ail.
3. Mixez tous ces ingrédients dans un blender.

Vous pouvez réserver votre soupe froide au frigo. À servir en verrine ou en bol à soupe décoré d'une feuille de menthe.

Mes recettes : plat

PIZZA DU JARDIN

1. Faites votre pâte à pizza ou achetez-en une toute faite.
2. Préparez une sauce avec vos tomates, un peu d'ail, du sel et de l'origan frais.
3. Ajoutez sur votre sauce étalée sur la pâte des légumes du jardin émincés (aubergine, courgette, roquette, poivrons, tomates cerises, orties, oignons, pommes de terre...).
4. Ajoutez du fromage que vous aimez et, pourquoi pas, un œuf, un filet d'huile d'olive, un peu de fleur de sel.
5. Mettez au four à 200 °C (th. 6-7) et surveillez la cuisson.

COURGE SPAGHETTI FARCIE

1. Cuisez la courge 'Spaghetti' soit au four à 180 °C (th. 6), plus d'une demi-heure, soit dans de l'eau bouillante (30 minutes environ), entière sans incision. Vous savez

qu'elle est cuite quand vous pouvez enfoncer votre couteau dedans comme dans du beurre.

2. Sortez-la et ouvrez-la en deux. Au centre, vous verrez ses graines : ôtez-les avec une cuillère.
3. Maintenant qu'il n'y a plus de pépins, vous pouvez la farcir directement ou sortir sa chair et la mettre dans un plat à gratin. Vous pouvez ajouter une sauce bolognaise ou au fromage ou au poireau fondu, tout est bon.
4. Un dernier petit tour au four pour gratiner et c'est prêt ! Sa texture filandreuse rappelle vraiment celle des spaghettis !

CRUMBLE DE BLETTES AU ROQUEFORT ET NOIX

Ingrédients :

- *150 g de beurre et/ou d'huile*
- *250 g de farine*
- *Mélange de noix et de noisettes*
- *Parmesan*
- *2 grosses bottes de blettes (mes préférées = blettes épinards et blettes 'Lucullus', sans amertume et beaucoup de vert)*
- *1 gros oignon doux type 'de Florence'*
- *Gorgonzola ou roquefort*

1. Dans un saladier, mélangez la farine, le beurre en pommade, un peu d'huile, le mélange de noix concassées et le parmesan. Il faut arriver avec le bout de ses doigts, après avoir tout amalgamé, à une texture de grumeaux secs. Si c'est trop sec, rajoutez de l'huile.
2. Émincez les blettes en coupant plus finement les cardes qui sont plus longues à cuire. Coupez l'oignon doux et mettez le tout à fondre tranquillement dans un faitout avec un trait d'huile d'olive et du sel.
3. Quand c'est bien fondu, mettez dans un plat à gratin. Ajoutez des morceaux de roquefort ou de gorgonzola (à doser selon les goûts), et saupoudrez de votre préparation farine-noix.
4. Enfournez pour 30 minutes à 180 °C (th. 6). Surveillez la cuisson : le dessus doit être bien cuit mais pas trop !

Mes recettes : dessert

CRUMBLE POMMES ET FAINES

Ingrédients :

- *Faines ou noisettes*
- *200 g de farine*
- *50 g de poudre d'amande*
- *Un sachet de levure*
- *80 g de sucre brun*
- *40 ml d'huile de tournesol,*
- *120 g de compote de pommes non sucrée*
- *1 cuillerée à soupe de pâte de noisette*
- *200 ml de lait végétal*
- *2 pommes*

1. Dans une poêle, faites griller à sec deux belles poignées de faines (ou noisettes).

Laissez refroidir puis ôtez la coque.

2. Dans un saladier, mélangez 200 g de farine, 50 g de poudre d'amande, un sachet de levure et 80 g de sucre brun.
3. Ajoutez ensuite 40 ml d'huile de tournesol, 120 g de compote de pommes non sucrée et 1 cuillerée à soupe de pâte de noisette. Mélangez puis mouillez progressivement avec 200 ml de lait végétal.
4. Versez la pâte dans un moule à cake graissé. Disposez des tranches de pommes sur le dessus (environ deux pommes) puis les faines concassées.
5. Enfournez à 180 °C (th. 6) pour environ 20 minutes.
6. Dans un bol, mélangez 1 cuillerée à soupe d'huile, 1 cuillerée à café de sucre et deux pincées de cannelle. Versez ce mélange sur le gâteau et poursuivez la cuisson encore une dizaine de minutes.

TIRAMISU AUX FRUITS ROUGES

Ingrédients :

- *4 œufs frais*
- *250 g de mascarpone*
- *100 g de sucre en poudre*
- *1 sachet de sucre vanillé*
- *Une dizaine de gâteaux spéculoos*
- *Des fruits rouges*

1. Montez les blancs en neige et réservez au frigo.
2. Battez les jaunes avec le sucre et la vanille jusqu'à blanchissement.

3. Ajoutez le mascarpone, puis ajoutez délicatement les blancs en neige.
4. Dans des verrines, écrasez les biscuits et disposez-les au fond.
5. Mixez les fruits rouges avec un peu de sucre, versez le coulis obtenu dans les verrines, puis ajoutez successivement une épaisseur de mascarpone, de fruits frais et ainsi de suite. Finissez par un peu de biscuit en déco et de beaux fruits rouges.
6. Conservez au frais au moins trois heures avant de déguster.

LE SAVIEZ-VOUS ?

Vous pouvez réaliser vous-même votre mascarpone et votre ricotta :
• Mascarpone : 500 ml de crème fraîche, 2 cuillerées à soupe de jus de citron.
• Ricotta : 1 litre de lait entier, 150 ml de crème fraîche liquide entière, 1 pincée de sel, 3 cuillerées à soupe de jus de citron.

Pour les deux préparations, montez le lait ou la crème à 80 °C et ajoutez le citron. Filtrez ensuite avec une passoire et une étamine. C'est simple et ça peut dépanner en cas de rupture au magasin et si vous habitez à côté d'un laitier (comme moi, vive la campagne !).

Conserves originales

PICKLES DE CYCLANTHÈRE

Le principe des pickles est de mettre des légumes crus coupés avec de l'eau fortement vinaigrée et assaisonnée dans un pot bien fermé. On les déguste ensuite après un mois de repos. Conservez le pot au frigo une fois ouvert et ne tardez pas trop à le finir ensuite.

Cette année, j'ai testé d'en faire avec des cyclanthères. Il faut prendre ceux qui sont encore jeunes, dont les graines ne sont pas encore formées car sinon elles sont dures comme du bois ! Ce légume est vraiment intéressant : cru, il a le goût de concombre et de petit pois. On peut aussi le cuire ou le farcir. Il est plein de propriétés médicinales et très consommé en Amérique du Sud. On dit de lui qu'il permettrait de diminuer la pression artérielle et le taux de cholestérol, de réguler le taux de sucre dans le sang et l'obésité, et qu'il aurait des vertus anti-inflammatoires, ce serait un anesthésiant local.

SAUCE TOMATES ET POMMES

Ajouter les pommes à votre recette de sauce tomate permet de réduire l'ajout de sucre, c'est donc meilleur pour la santé !

Ingrédients :

- *6 tomates coupées en dés*
- *3 pommes coupées en dés*
- *2 oignons rouges coupés en dés*
- *1 poivron coupé en dés*
- *1 tasse de vinaigre (blanc ou de cidre)*
- *2 tasses de sucre (vous pouvez en mettre plus, selon votre goût)*
- *2 pincées de sel*
- *Épices : quatre-épices, cumin, paprika, piment…*

1. Ajoutez tous ces ingrédients dans un peu d'huile d'olive, le tout dans une casserole en inox de préférence, et laissez réduire tranquillement.
2. Vous pouvez mixer à la fin si vous préférez une texture fluide, ou comme tel si vous préférez une texture en morceaux.
3. Ajoutez aux pots encore chaud puis fermez immédiatement (comme pour les confitures).

AIL FERMENTÉ AU MIEL

1. Épluchez votre ail préféré.
2. Lavez bien un pot type Le Parfait. Remplissez-le de caïeux d'ail en laissant de l'espace entre le couvercle et le mélange.
3. Ajoutez du miel liquide type de châtaignier ou d'acacia.
4. Fermez soigneusement le pot et n'y touchez plus pendant un mois, stocké dans un endroit sec et frais.
5. Une fois ouvert, gardez-le au frigo.

À déguster à l'apéritif ou en cas de refroidissement, c'est une recette médicinale et gourmande ! Les caïeux fermentés peuvent aussi être coupés et utilisés dans une salade de lentilles, sur les pizzas ou dans les sauces. Vous pouvez aussi rajouter du thym et du gingembre pour en faire un remède contre le froid.

QUE FAIRE DES SURPLUS ?

Une fois le congélateur et les armoires pleines de légumes, la famille et les amis débordés par tout ce qu'on leur apporte, il reste plusieurs options à envisager.

Donnez, donnez, donnez...

Le don est la première de ces options :

- **Auprès d'associations locales :** vous pouvez contacter le CCAS (Centre communal d'action sociale) de votre commune, la mairie ou la CAF (Caisse d'allocations familiales) pour connaître les personnes susceptibles d'en avoir le plus besoin.
- **Auprès des associations de type boutiques solidaires** qui permettent aux familles démunies d'acheter à tout petit prix ou avec des tickets alimentaires de la nourriture. Je me souviens d'un été où nous avions vu beaucoup trop large sur les courgettes (erreur de débutant !) et celles-ci remplissaient un mur entier du stock : nous avions apporté tous ces légumes en ville à une boutique de ce genre et je n'oublierai jamais le sourire des dames qui étaient là, de voir des beaux produits bio arriver directement du jardin. Les bonnes actions ça fait du bien !

La revente

La revente est possible selon des critères qui sont les suivants : la loi autorise la vente des produits du jardin*, sans déclaration ni versement de taxe, à condition que la surface de votre terrain n'excède pas 500 m^2 et que celui-ci soit attenant à votre habitation. À défaut, une déclaration auprès de la MSA (Mutualité sociale agricole) s'impose, et vous serez taxé sous le régime des bénéfices agricoles. Il est certain qu'il faut bien réfléchir avant de s'inscrire à la MSA, et ce même s'il existe, pour le moment, un statut qui permet la double activité et de ne

* www.service-public.fr/particuliers/vosdroits/F31725

pas payer trop cher de cotisation : cotisant de solidarité. Vous êtes cotisant de solidarité si :

- Votre exploitation a une superficie inférieure à une SMA mais égale ou supérieure à un quart de la SMA. Un arrêté du 13 juillet 2015 fixe la surface minimale d'assujettissement nationale (SMA) à **12,5 hectares**, mais cela dépend des départements et de la catégorie agricole : renseignez-vous auprès de votre Chambre d'agriculture.
- Ou si vous vous consacrez à une activité agricole **au moins égale à 150 heures et inférieure à 1 200 heures par an** et que les revenus générés par votre activité agricole atteignant l'un des deux seuils mentionnés ci-dessus **sont inférieurs à 800 SMIC horaires**, soit 10,15 x 800= 8 120 euros.

Les contributions versées par les cotisants solidaires représentent 16 % de leurs revenus agricoles. S'y ajoutent les contributions CSG-CRDS, au taux de 8 %.

À NOTER

Seule une personne physique dirigeant une exploitation ou une entreprise agricole individuellement peut être cotisant de solidarité, sous réserve d'un acte d'exploitation procurant des revenus professionnels.

En revanche, cela n'ouvre aucun droit à la retraite, ni à l'Assurance maladie. Si on dépasse les critères pour être cotisant solidaire, on doit se déclarer exploitant agricole à la MSA et cela coûte, lorsque vous êtes au régime micro-BA (micro-bénéfice agricole), de 3 000 à 5 000 euros par an, et ce chiffre progresse chaque année.

Dans le cas d'une pluriactivité, le jardin peut apporter un complément de revenu non négligeable et pas si compliqué que cela à mettre en place. Dans l'idéal, il faut se constituer un groupe de consom'acteurs motivés qui puissent accueillir vos offres quand elles sont là. Installez un moyen de communication facile, par boucle de mail, ou groupe WhatsApp, qui permet d'envoyer les informations rapidement aux éventuels preneurs.

Pour les prix, regardez ce qui se pratique dans les magasins Biocoop et réduisez de 10 à 30 %. Faites attention si des maraîchers bio travaillent dans le secteur à ne pas casser les prix pour autant. Ils ont des charges que vous n'avez pas et les consom'acteurs ne comprendraient pas le positionnement prix qu'ils ont. Vous pourriez de plus devenir un concurrent et ce n'est pas le but.

Vous pouvez également poster une annonce via *Facebook market*, *Le Bon Coin* ou d'autres sites spécialisés tel que : www.directpotager.fr ou www.lepotiron.fr

Le troc

Pensez aussi au troc entre jardiniers, on n'a jamais tout ou tout réussi dans le jardin. Peut-être qu'un voisin que vous ne connaissez pas encore a ce qu'il vous manque. Des sites existent en attendant que vous vous fassiez connaître dans le voisinage pour échanger plus facilement : mytroc.fr et france-troc.com

CHAPITRE 6

NE PAS SE LAISSER DÉBORDER

LE PAILLAGE VOUS SAUVERA !

Avec une alternance de pluie et de soleil, en quelques jours votre jardin peut se retrouver recouvert d'une jolie verdure bien dense et les légumes étouffés par leurs amis sauvages. On ne s'en rend pas toujours compte à temps, et le travail peut alors sembler insurmontable. Dans tous les cas, il n'est jamais trop tard : privilégiez d'abord les planches de culture qui sont composées de légumes au ras du sol, les plus étouffés, puis passez au reste progressivement. Le **désherbage** peut avoir une vertu méditative si on accepte son labeur. N'oubliez pas les racines et les rhizomes dans le sol ! Vous ne feriez que retarder une nouvelle repousse !

Pour éviter tout de même d'y passer trop de temps, le paillage est une arme redoutable. Vous pouvez pailler avec différents composés : paille de céréale, copeaux de bois, paillettes de végétaux type lin, chanvre, tonte de jardin, feuilles mortes, restes de mauvaises herbes si la racine est enlevée et qu'il n'y a pas de graines ! Il ne faut pas lésiner sur l'épaisseur car, en fonction de la matière, elle se fera digérer par le sol plus ou moins vite. Ce paillage a trois qualités :

- **Maintenir l'humidité** et ainsi limiter les arrosages.
- **Nourrir le sol** par la décomposition de ses fibres.
- **Empêcher le salissement** des parcelles par les mauvaises herbes.

ÉCONOMISEZ-VOUS

Parfois le chemin le plus court est le meilleur. Vous avez une culture qui se termine et ses feuilles et tiges sèches sont prêtes à être enlevées ? Très bien, vous pouvez en profiter pour les laisser dans le chemin et ainsi augmenter le paillage pour empêcher les mauvaises herbes de s'y réinstaller. Vos salades sont montées ? Elles peuvent encore faire le régal de vos poules, alors lancez-les vers leur basse-cour !

Rutabagas plantés sur paillage de chanvre.

N'hésitez pas à contacter les agriculteurs locaux si leurs méthodes sont bio ou raisonnées sur certaines cultures pour leur commander quelques bottes ou *roundballers* (grosses bottes de paille ronde), cela reviendra bien moins cher qu'en jardineries. Parfois, les entreprises d'espaces verts débordent de résidus et s'en débarrassent bien volontiers à l'automne et au printemps quand tout le monde taille ses haies, pelouses... ! Attention tout de même à ne pas récupérer de déchets de conifères qui sont acides pour le sol. Demandez bien s'il y en a dedans ou, tout simplement, reniflez le tas : l'odeur des sapins est très caractéristique. Enfin, vous pouvez également, si vous avez de l'espace, récolter votre foin, votre tonte, vos feuilles mortes ou bien intégrer une plante type miscanthus sur votre terrain qui produira beaucoup de biomasse et donc de paillage chaque année pour vos cultures (le rhizome donne pendant vingt ans). Vous aurez besoin de paille également pour les couches, litières, de vos animaux.

LE DÉSHERBAGE, UTILE OU NON ?

Dans le maraîchage sur sol vivant, courant du jardinage privilégiant la vie du sol à travers des techniques de non-travail du sol (pas d'outils dans le sol, semis sous couverts, apport massif de matière organique...), on évite le désherbage en implantant par exemple soi-même la plante qui couvrira le sol de nos légumes : par exemple, un trèfle ou une céréale qu'on va coucher, puis semer à l'intérieur ou dont on va repiquer des plants.

Même en agriculture biologique le travail du sol peut être important et on s'interroge aujourd'hui plus qu'hier sur la nocivité de telles pratiques pour la **biodiversité du sol** qui, même si elle ne se voit pas, est plus important que ce qu'il y a au-dessus du sol ! Les vers de terre, entre autres, remplissent une mission primordiale pour agrader (améliorer, augmenter la richesse de la terre) les sols, et les outils mécaniques de labour ou de désherbage détruisent leurs habitats et eux avec. Il est donc intéressant de voir comment se passer de ces méthodes qui, de plus, consomment beaucoup de combustibles.

Nous ne sommes qu'au début de tout ce qu'il serait possible de réaliser mais qui est encore au stade de l'expérimentation. Si le sujet vous intéresse, vous pourrez consulter des heures de vidéos et autres supports d'informations sur le site : www.verdeterreprod.fr À destination des agriculteurs professionnels, il n'en reste pas moins passionnant de voir toutes les idées diffusées par ces jardiniers-chercheurs. Et qui sait, bientôt ce sera peut-être vous qui apporterez votre retour d'expérience sur une nouvelle technique de non-travail du sol !

L'ENTRETIEN DES LÉGUMES

Pour beaucoup de légumes au feuillage prolifique il est de coutume d'instaurer un suivi de taille pour favoriser les premiers fruits afin qu'ils soient plus gros et arrivent à maturité plus vite (melons, pastèques, vigne...) ou pour éviter la diffusion de champignons ou de maladies, comme le mildiou ou l'oïdium (tomates, concombres, courgettes...).

En fonction de votre situation géographique, nord ou sud de la Loire, en zone tempérée ou continentale, côtière ou en altitude, vous pourrez vous en passer ou alors cela sera essentiel à la réussite de votre culture. Chaque année en Normandie je tente les tomates en extérieur et sous serre sans taille, hélas force est de constater que la maladie gagne toujours aux premières pluies et que le feuillage dense favorise sa propagation. Je n'ai pas encore trouvé la bonne variété résistante, sans produits chimiques, aux attaques de mildiou, mais je ne désespère pas ! Il vous faudra donc sûrement monter en compétence sur ces sujets. Un stage ou un chantier participatif chez un maraîcher peut être une bonne solution pour apprendre les petits gestes et, pour eux, une aide précieuse quand le travail est important.

Taille des légumes sous serre.

SOIGNER SES PLANTES

Vous pouvez réaliser la plupart des traitements pour vos légumes et fruitiers, et même pour les soins de vos animaux à partir de ce que la nature vous propose autour de vous.

Les quatre sœurs favorites des adeptes de purins sont : **l'ortie, la consoude, la prêle et la fougère**. Mais d'autres plantes vous apporteront leurs bienfaits tel que la camomille, les feuilles de rhubarbe ou de tabac, l'ail, le thym... Des ouvrages très bien documentés existent pour vous guider à travers des cueillettes et les préparations maison. Ces recettes sont redoutablement efficaces. Si vous n'avez pas de consoude chez vous, pensez à en semer dans un coin de votre jardin, mais attention, elle peut devenir invasive. Pour la fougère, un petit tour en forêt et l'affaire est réglée. Pour la prêle, c'est un peu plus compliqué, il faut bien chercher autour des zones humides. Et l'ortie est partout où il y a de la vie ! Elle aime particulièrement les zones bien azotées, proche des composts. Elle vient normalement très facilement toute seule, mais sinon il est possible de commander des graines en ligne. Comme la consoude, elle peut devenir invasive, alors n'hésitez pas à la consommer pour la calmer un peu : c'est un super remède en tisane ; elle est très bonne en soupe, quiche ou sur les pizzas.

Le soin des arbres

Je vous recommande le livre *Les soins naturels aux arbres* d'Éric Petiot : vous y apprendrez par exemple que semer du chanvre à côté des choux a une action répulsive sur les papillons blancs ! Mais surtout comment soigner vos arbres contre les ravageurs et les maladies.

Je suis moi-même en train de me former aux soins naturels : dans mon expérience arboricole précédente, nous n'apportions aucun soin à nos arbres à part une taille qui valait le coup d'œil car le spécialiste qui venait le faisait en échasses ! Nous avions acheté nos

arbres, en majorité des pommiers de variétés locales, pas cher du tout – un pépiniériste à la retraite nous avait vendu le lot à un prix défiant toute concurrence. Du coup, on ne s'embêtait pas trop : s'il y avait de la casse, on était prêts à l'accepter et les fruits représentaient une source de revenu pour l'avenir. On était déjà bien occupés « à sortir du légume », comme on dit ! Pourtant on n'a pas eu tant d'échecs que ça, je dirais même pas 10 %. Est-ce que l'effort de développement de la faune via les abris, les nichoirs, les perchoirs et le non-travail du sol, l'apport en fumier, a été suffisant pour garantir leur reprise ? Certainement. Mais le cas de figure d'une famille cherchant rapidement l'autonomie n'est pas le même. Quand on achète un arbre d'une variété rare ou choisie, d'un certain âge pour avoir les fruits rapidement, on y met un certain prix et on n'a pas envie qu'il meure ou que la récolte soit mauvaise. D'où l'importance de monter en compétence sur ce sujet.

CHAPITRE 7

RÉCOLTER SES SEMENCES

QUEL EST L'INTÉRÊT ?

De tout temps, l'Homme a su reproduire ses variétés végétales d'année en année. Or nous avons perdu plus de 75 % de notre diversité variétale depuis les dernières décennies. Chacun peut aider à leur conservation et il y a beaucoup d'avantage à reproduire ses semences : économie, résistance des plantes à leur territoire, maintien d'un patrimoine vivant, garantie du goût. Et en plus c'est super sympa à faire.

En revanche, c'est **une vraie discipline** qu'il va vous falloir acquérir si vous souhaitez développer vos savoir-faire. En effet, les plantes ne fonctionnent pas toutes de la même façon : certaines ont les deux sexes, d'autres seulement un des deux (monoïque ou dioïque). Certaines vont donner des graines dans l'année (les annuelles), d'autres l'année d'après leur semis (bisannuelle). Certaines vont avoir besoin du vent pour disséminer leur semence, d'autres d'un pollinisateur. Et, surtout, certaines vont être capables de se croiser avec d'autres variétés ou des variétés sauvages (aïe, entre carotte sauvage et carotte normale ça peut donner des carottes ridicules !). C'est pourquoi il faut bien se renseigner avant de récupérer les graines pour savoir si le résultat sera ce que nous souhaitons, ou apprendre à mettre en place des protocoles pour éviter les croisements impromptus. Et c'est parfois tout un art ! Mais si vous souhaitez vous spécialiser dans ce domaine, les revendeurs de semences cherchent toujours des semenciers professionnels pour développer leur offre, cela peut représenter une activité complémentaire intéressante.

ASTUCE

Pour vous fournir en semences locales et paysannes, n'hésitez pas à contacter les potagers conservatoires de votre région. Ils font un travail remarquable de préservation des variétés et organisent régulièrement des visites et des formations sur les semences.

LES GRAINES FACILES À FAIRE

Vous pouvez aller les yeux fermés sur les **solanacées**, c'est-à-dire les tomates, les poivrons, les piments, les physalis et les pommes de terre (par les tubercules). Les variétés ne se croisent pas ou difficilement, une tomate 'Saint-Pierre' donnera une tomate 'Saint-Pierre'.

En revanche, ce n'est pas le cas des **cucurbitacées** (melons, concombres, pastèques, courges, courgettes...) : si vous avez plusieurs variétés du même genre (il y a des familles = courges, et des genres = courge Maxima, courge Moschata), c'est-à-dire plusieurs courges Maxima, elles pourront s'hybrider, se croiser et donner un mélange des deux très aléatoire. Vous auriez, en semant les graines des fruits récoltés, de nouveaux fruits qui ne ressembleraient pas vraiment aux variétés d'origine. Ou bien si plusieurs variétés de concombres poussent dans le même périmètre (inférieur à 2 km), les variétés peuvent se croiser et vous ne maintiendrez pas la variété. Si ce ne sont que des concombres longs et verts, cela donnera toujours un concombre long et vert, mais si ce sont des ronds et jaunes d'un côté et des longs et verts de l'autre, attention aux yeux ! C'est comme ça que l'on crée de nouvelles variétés mais qui ne sont pas toujours intéressantes sur le plan gustatif. Le travail de jardinier-semencier ne s'improvise pas, mais c'est passionnant d'en apprendre plus.

Melon 'Ananas d'Amérique à chair verte'.

Une stratégie que vous pouvez adopter est de ne semer ou de ne planter qu'une seule variété de chaque famille (pour celles qui n'ont pas de risque de croisement avec des variétés sauvages comme la carotte) en année 1. Par exemple : des melons 'Petit Gris de Rennes', des pastèques 'Sugar Baby' et des concombres 'Vert Long Maraîcher'... Gardez les graines et ainsi vous en avez pour plusieurs années. L'année d'après, vous pouvez changer en gardant la même logique, et ainsi constituer une bonne quantité de graines d'une variété par famille chaque année que vous pourrez utiliser ou échanger, voire revendre.

Attention, **la durée de vie des graines n'est pas infinie** : elles perdent progressivement en germination, elles sont vivantes et on doit être vigilant sur leur stockage. Le mieux est de trouver un endroit frais et sec toute l'année, de les emballer dans du papier respirant type kraft dans des boîtes avec des trous ou des tiroirs pas trop isothermes. Malgré tout, ne jetez pas vos vieilles graines, tentez un semis grossier à la volée dans une caisse de terreau arrosé et voyez ce qu'il se passe. On peut avoir des surprises sur la longévité de certaines graines !

ZOOM SUR

RÉCOLTER LES GRAINES DE TOMATE, UN JEU D'ENFANT !

Dans un petit pot en verre, égrainez votre tomate avec sa pulpe avec l'aide d'une cuillère ou d'un couteau. Si le jus n'est pas suffisant pour que les graines baignent dedans au fond du verre, ajoutez un peu d'eau. Au bout de deux à trois jours, une mousse va se former sur le dessus : cela signifie que la décomposition de la protection gélatineuse de la graine de tomate a été faite. Ainsi, il ne vous reste qu'à passer le liquide avec les graines dans un petit chinois sous un filet d'eau et les graines seront bien propres. Mettez-les enfin à sécher soit sur un textile soit sur une serviette-éponge, pas sur du papier essuie-tout, ça colle ! Vous pouvez ensuite les mettre en sachet papier que vous aurez confectionné ou acheté.

LE TRI ET L'ÉCOSSAGE

Cela peut être parfois long et laborieux. Vous équiper de tamis et de larges plateaux de bambou pour lancer les graines en l'air est très pratique pour les séparer de leur protection naturelle. Pour les graines de salades qui sont faciles à récolter mais moins à nettoyer, le petit parachute en coton restant collé à la graine, malaxez les graines avec vos doigts pour que l'enveloppe se détache et ensuite soufflez dessus délicatement, c'est magique !

Cela peut être une bonne activité à faire avec les enfants, c'est méticuleux, utile et beau, cela développe la motricité et l'attention. Vous pouvez parfois aussi les écraser avec les pieds quand il y a une cosse sèche, par exemple pour la roquette ou les radis. Mais si vous n'avez pas pour but de les échanger, vous pouvez aussi garder une forme brute et semer avec les cosses juste broyées, comme elles seraient dans la nature.

DEVENIR JARDINIER-SEMENCIER

N'hésitez pas à suivre une formation comme celles dispensées à la Ferme de Sainte-Marthe et dans le réseau des ambassadeurs du mouvement Graine de vie (dont je fais partie), par exemple, ou à d'autres endroits. C'est passionnant et très technique ! Notamment sur le séchage et le tri.

Si vous tombez amoureux de cette discipline, sachez que vous pouvez développer une activité rémunératrice. La loi est en train de changer et même des particuliers pourront, normalement, revendre leurs semences. De plus, après un peu d'expérience, vous pourrez prétendre à rejoindre les producteurs de semences biologiques et à contractualiser avec de belles enseignes.

Pour en savoir plus : DVD *Semences buissonnières* de Longo Maï, 4 DVD explicatifs sur la reproduction de ses semences plus de 7 heures de film !

CHAPITRE 8

POUR ALLER PLUS LOIN

LINDA BEDOUET & CLAIRE MAUQUIÉ

ON ACCOMPAGNE LE JARDIN POUR L'HIVER

Après le *rush* des récoltes vient le temps du repos. Novembre est là, les journées raccourcissent et les premières gelées pointent leur nez. Une des règles fondamentales en agroécologie est de **ne jamais laisser la terre nue**.

Protéger le sol

Il est donc temps de faire un dernier tour et de protéger les zones sans couverture. Vous pouvez en profiter pour faire vos apports en fumier, compost ou copeaux de bois afin de donner de quoi manger à vos vers de terre et retrouver au printemps des planches grouillantes de vie. En **paillage**, l'automne apporte de beaux tapis de feuilles que vous pouvez rassembler et amener au jardin. Si vous avez de la litière forestière à disposition, n'hésitez pas à en saupoudrer vos planches, ça booste la vie du sol ! Nous sommes par exemple envahis de gentilles taupinières sur notre terrain, les taupes ne sont pas des nuisibles, elles travaillent le sol pour vous et font remonter des sédiments. Vous pouvez récupérer la terre bien souple qu'elles remontent pour l'ajouter également à vos buttes, et bien pailler par-dessus. Vous pouvez également apporter du fumier au printemps si vous n'avez pas eu le temps de le faire avant les grands froids, mais il faudra faire attention aux cultures que vous planterez juste après, certaines n'aiment pas les fumures trop fraîches. Protégez également vos dernières cultures avec des **voiles d'hivernage**, et les jeunes arbres ou plantes pérennes afin qu'ils passent plus facilement les grands froids.

S'occuper des oiseaux

N'oubliez pas vos collaborateurs qui ont gracieusement participé à réguler les invasions de chenilles et papillons : les oiseaux ont besoin de vous. Nous faisons par exemple pousser des tournesols pour eux, qu'on amène quotidiennement au jardin après les avoir stockés au sec. Vous pouvez sinon réaliser de belles **boules de graisse et de graines** à la maison, avec de la margarine ou du beurre de cacahuète non salé ni sucré et de petites graines comme du sésame, du lin, du pavot… Installer des **nichoirs** dans votre petit paradis est également une bonne idée : cela facilitera la vie des oiseaux et leur donnera envie de revenir chez vous.

ON FAIT LE BILAN DE SA SAISON…

Un bilan pour améliorer son jardin

L'hiver est le moment idéal pour faire le point. Les récoltes sont derrière nous, on est au coin du feu et on a un peu plus de temps pour faire le bilan.

Chaque échec est riche d'enseignement et servira à nous améliorer l'année d'après. Afin de bien capitaliser sur son bilan, un tableau peut être créé en listant les objectifs de départ et mettre en face les résultats, puis évaluer ce qui pourrait être amélioré, les compétences qu'il reste à acquérir, le budget que l'on peut allouer aux améliorations de son autonomie (nouvelle serre pour augmenter les légumes d'été et de printemps, un récupérateur d'eau au potager nord…).

Les axes d'amélioration

Listez les pistes pour améliorer votre travail :

- **Compétences :** semis, bouturage, taille des arbres, élevage, suivi des cultures, transformation des produits végétaux et ou animaux… Des formations existent en ligne ou dans des centres de formations professionnels ; certaines peuvent être financées par votre compte personnel de formation (CPF).
- **Matériel :** serre, irrigation, petit outillage, protection des cultures, amendement.
- **Emplacement :** couloirs de vent, orientation au soleil, zones humides ou arides, proximité des prédateurs.
- **Nouveauté :** nouvelle culture, élevage ou transformation avec l'estimation en temps/argent que cela va demander.

Par exemple, aux *Jardins d'Hayden*, notre bilan de première année nous a révélé un besoin en formation sur le bouturage pour multiplier nos arbustes à fruits et autres arbres de haie afin de densifier la végétation et augmenter les récoltes. Nous avons aussi remarqué qu'il fallait une nouvelle serre à installer côté sud, plus à l'abri du vent, car la serre en plein champ a été débâchée cinq fois dans l'année à cause des intempéries de plus en plus violentes. En nouveauté 2021, on a estimé réalisable une nouvelle zone culturale de safran, de nouvelles planches de culture côté sud, et on va évaluer la faisabilité d'une zone à légumineuses plus grande. On prévoit une nouvelle plantation de fruitiers dans le grand champ et de nouveaux arbustes dans la haie.

AGROFORESTERIE ET JARDIN-FORÊT

L'arbre est essentiel au développement de la vie, de la vie du sol, de la faune sauvage et donc de la nôtre par voie de conséquence. En plus d'être un témoin magnifique du temps qui passe, il remplit bien des fonctions et a toute sa place dans votre jardin. Il pourra ainsi vous offrir de l'ombre ainsi qu'à vos animaux et à vos cultures, retenir l'eau, améliorer le sol, accueillir la faune, vous chauffer, vous nourrir.

L'intégration de l'arbre dans les cultures s'appelle l'agroforesterie. Ce n'est pas nouveau, on appelait ça en Normandie le pré-verger, cela existait dans les vignes avec les pêchers, et bien d'autres exemples qui illustraient, avant le développement de la chimie, la formidable alchimie qui existe entre les végétaux, les animaux et les arbres.

Le jardin-forêt construit son projet autour de l'arbre comme on cultiverait un potager : on réalise un design s'appuyant sur des arbres de différentes tailles, remplissant un rôle soit de pilier – un peu comme les murs porteurs des maisons –, soit nourricier. Imaginez-vous en train de vous promener de bon matin dans votre luxuriant jardin-forêt et récolter des dizaines de petits fruits, fruits à coque, herbes, légumes-feuilles constituant votre ration quotidienne de vitamines et minéraux : c'est le jardin d'Éden dont on rêve tous, et cela, c'est possible après quelques années de patience et une bonne conception en amont, sans efforts ou presque. Après quelques années, plus besoin de désherber, seulement d'entretenir les chemins, pas besoin de replanter chaque année les mêmes espèces, ça pousse et se ressème tout seul. Les arbres produisent pendant des dizaines d'années, voire plus. Ils n'ont pas besoin d'être protégés, sauf au départ quand l'arbre est jeune, les mycorhizes font le travail ! On en apprend tous les jours sur le riche système de réseau de communication et d'échange qu'il peut y avoir dans une forêt : auto-humification, réserve d'eau, collaboration inter-espèces et résilience aux aléas climatiques. **C'est notre meilleure option de résilience alimentaire pour se garantir sur la durée des récoltes.** Alors ne tardons pas et plantons dès maintenant nos haies de protections, nos arbres nourriciers, nos futures cathédrales vivantes auprès desquelles la vie a toujours prospéré.

DÉMARRER SON JARDIN-FORÊT

CLAIRE MAUQUIÉ

En observant autour de nous, on s'aperçoit que la nature qui nous entoure regorge de ressources comestibles. Saviez-vous qu'on peut trouver **jusqu'à 7 000 espèces alimentaires rien qu'en milieu tempéré ?** Pourtant, en moyenne, on en compte à peine une soixantaine dans notre alimentation quotidienne.

L'exemple de la Forêt Gourmande

En Bourgogne, il existe un jardin-forêt qui compte plus de 1 000 espèces alimentaires sur une surface de 2 hectares : c'est le jardin-forêt de la Forêt Gourmande. Son fondateur, Fabrice Desjours, ancien infirmier et co-fondateur de l'association « Forêt Gourmande », a créé en quelques années cette forêt nourricière à partir d'un champ nu. Pour moi qui suis gourmande et qui appréciait tant ces fruits tropicaux juteux et sucrés, découvrir le jardin-forêt de la Forêt Gourmande a été une révélation. Tous ces fruits ont en fait leur équivalent en milieu tempéré ! Par exemple, l'asiminier (*Asimina triloba*), un arbre originaire d'Amérique du Nord, produit un fruit qui rappelle la mangue. Les feijoas sont des arbustes rustiques dont les fruits s'apparentent aux goyaves. Le pois de Sibérie (*Caragana arborescens*) est un arbuste légumineux, un peu comme le pois d'Angole très répandu en climat tropical. Le poivrier du Sichuan (*Zanthoxylum piperitum*) et la baie aux cinq saveurs (*Schisandra chinensis*) n'ont pas à rougir de la concurrence de leur pendant tropical, le poivre.

UNE IMMENSE DIVERSITÉ DE PLANTES QUI FONCTIONNENT EN SYMBIOSE

Entrant dans sa dixième année, le jardin-forêt est aujourd'hui très riche, on y est rapidement désorienté tant la végétation est dense et les essences présentes encore inconnues pour le commun des mortels. Les arbres, arbustes, lianes, couvre-sol et herbacées vivaces se mêlent et s'entrelacent. Une vigne ukrainienne grimpe sur l'arbre aux haricots bleus, le cédrèle de Chine dont les feuilles rappellent le goût du bouillon cube côtoie le *Torreya nucifera*, un conifère de sous-bois japonais dont les noix sont comestibles. Le goji s'aide des branches d'un noisetier pour croître, tandis que le chalef d'automne croule sous ses cascades de fruits tout en servant de brise-vent pour un plaqueminier au bois fragile. On peut goûter une baie de poivre du Sichuan avant de craquer pour une mûre de la ronce sans épine. Ces plantes parfois venues d'ailleurs s'épanouissent parfaitement dans les différents microclimats créés par le jardin-forêt, **créant un écosystème équilibré et accueillant pour la faune.**

UNE RÉPONSE À LA SÉCHERESSE

Les étés en France sont de plus en plus chauds et secs, et les événements météorologiques extrêmes se multiplient. Le jardin-forêt apparaît comme **un type de culture particulièrement résilient et autonome.** A-t-on besoin d'arroser une forêt ? Une fois le jardin-forêt bien installé, il ne nécessite pas ou peu d'action d'arrosage. En effet, la biomasse présente sur le sol et la capacité des racines des arbres à capter et retenir l'eau en profondeur participe à la résilience du système. Lorsqu'il pleut, un sol forestier absorbe 150 mm par heure, tandis qu'un sol nu n'en absorbe que 1 mm par heure ! L'eau est retenue sur la parcelle au lieu de s'échapper par ruissellement.

La végétation dense et multi-étagée de la Forêt Gourmande permet une fertilisation constante du sol et des possibilités de cueillette étalées sur toute l'année.

Pour pallier ces phénomènes de sécheresse estivale qui ne vont cesser de croître dans les prochaines années, on pourra implanter en particulier des essences résistantes et méditerranéennes, comme l'olivier, le cormier, le pourpier de mer (*Atriplex halimus*), le cédrèle de Chine (*Toona sinensis*), le jujubier, le grenadier, l'amandier, le chêne ballote, le néflier d'Allemagne, le micocoulier, l'akébie (*Akebia quinata*), le mûrier, le cornouiller mâle (*Cornus mas*), le févier d'Amérique (*Gleditsia triacanthos*), le ragouminier (*Prunus tomentosa*), la salsepareille ou bien encore le mûrier d'Espagne (*Broussonetia*).

UN SYSTÈME DENSE ET FERTILE GRÂCE AUX AFI

Les AFI, ce sont les essences Architecturales, Fertilisantes et Ingénieuses. Ce sont des arbres qui poussent facilement et rapidement, et qui, taillés régulièrement, sont la **source de biomasse du jardin-forêt.** L'épaisse couche de biomasse présente sur le sol en permanence permet de rendre ce dernier vivant, riche en humus. De plus, la présence de nombreuses racines vivantes permet de créer un réseau mycorhizien performant. Du fait de leur croissance rapide, ces essences constituent la structure en trois dimensions du jardin-forêt ; elles ont la capacité d'apporter ombrage et protection aux plantes plus fragiles. On peut implanter les AFI par semis direct, bouture ou transplantation. Selon les contextes, on pourra les implanter de façon très dense entre les autres arbres nourriciers, parfois dans le même trou de plantation !

Parmi ces essences AFI, on peut citer le saule, le bouleau, le hêtre, le chêne, le lilas, l'érable et bien d'autres encore. Vous identifierez les essences AFI en observant les espèces qui se trouvent dans la nature environnante. Quelles sont les espèces dominantes ? Ce sont certainement celles qui s'adapteront le plus facilement chez vous et qui rempliront ce rôle d'AFI à la perfection. Chez moi dans le Quercy, comme source de biomasse, je privilégie l'utilisation du chêne, du lilas, du mimosa, du forsythia, de l'alisier torminal, du pistachier térébinthe et du châtaignier, qui poussent déjà très bien dans la nature.

Un peuplier taillé en trogne joue le rôle d'AFI dans le jardin-forêt, une essence architecturale, fertilisante et ingénieuse.

Jardin-forêt et élevage

Il est aussi possible de combiner le jardin-forêt et l'élevage, car **certains animaux de la ferme tirent de nombreux avantages à vivre dans un environnement agroforestier.** Par exemple, les poules peuvent réguler les populations d'insectes ravageurs dans le verger. Et les chèvres qui consomment des espèces ligneuses sont connues pour avoir une lactation optimale et moins de risque parasitaire.

Parmi leurs nombreux apports, les arbres viennent soutenir une production fourragère une grande partie de l'année, une diversité alimentaire constituée de feuillage, d'écorces, de bourgeons de plusieurs essences, tout en permettant un stockage de carbone sur la parcelle, un soutien de la biodiversité, ainsi qu'une meilleure résistance aux périodes chaudes et sèches.

Cette pratique est déjà utilisée dans certaines cultures, par exemple dans la région des Asturies, en Espagne, où les arbres fourragers sont sculptés sous forme de trognes et taillés à certaines périodes selon les besoins des bêtes qui se nourrissent des feuillages tombés au sol. De telles expérimentations sont actuellement menées en France pour mieux documenter les effets aussi bien sur les animaux que sur leur environnement, comme à la chèvrerie expérimentale d'Antoinette en Saône-et-Loire. Comme d'autres animaux d'élevage, les chèvres sont des animaux « préforestiers » dont l'une des caractéristiques serait de maîtriser l'émergence naturelle des forêts. Elles sont donc complètement calibrées pour se nourrir des espèces ligneuses (lianes, arbres, arbustes) en général, elles en raffolent et y trouvent tous les nutriments dont elles ont besoin.

Plessis de frêne dans les Asturies, en Espagne.

C'est aussi plus écologique d'avoir des élevages en milieux agroforestiers car l'arbre est la seule forme végétale capable d'absorber les grands volumes d'urine de ces animaux et les intégrer convenablement au sol, contrairement au pré herbacé qui permet le ruissellement des urines jusque dans les cours d'eau où elles sont source de pollutions.

Les espèces fourragères peuvent varier en fonction de l'animal à nourrir. Par exemple, les robiniers sont consommés par les vaches, mais sont toxiques pour les chevaux. Concernant l'élevage de chèvres, parmi les essences fourragères particulièrement adaptées, on peut citer le bouleau, le frêne, le mûrier, l'éléagnus, le tilleul, l'*Hibiscus syriacus*, le cornouiller mâle, le cédrèle de Chine, le viorne obier, le févier d'Amérique, l'arbre à papier, le catalpa ou les lianes comme l'akébie ou les vignes de cépage résistant.

Quelques clés de réussite

COLLECTE DE GRAINES ET SEMIS DIRECT

La stratégie à adopter pour lancer son jardin-forêt diffère selon la taille de votre terrain, le budget dont vous disposez et le temps que vous pouvez y consacrer. Par exemple, la plantation de plantes ou de jeunes arbres en pots nécessite une surveillance et un arrosage régulier les premières années, tandis que le semis direct présente l'avantage que les plantes demandent par la suite très peu d'entretien et d'arrosage, car parfaitement adaptées à l'environnement et aussi parce que leurs racines pourront s'installer directement profondément dans la terre. Et surtout, cette méthode permet de végétaliser et de régénérer rapidement une grande surface, avec un minimum d'effort et d'entretien.

Ainsi, vous pourriez tout au long de l'été et de l'automne vous consacrer à la collecte de graines des **espèces courantes** que vous voulez implanter, dans la mesure où celles-ci ne sont pas trop rares. De mon côté, j'ai patiemment collecté les noyaux de merises, prunes sauvages, sorbes, alises, châtaignes, nèfles, arbouses, viornes, pistachier térébinthe. Certains de ces arbres me serviront plus tard de porte-greffe pour des essences plus fragiles et, dans tous les cas, tous me serviront à créer rapidement la structure en trois dimensions du jardin-forêt.

Concernant les **arbres plus rares**, vous pourriez commander des graines auprès de semenciers spécialisés, ce qui vous reviendra toujours moins cher que d'acheter les jeunes plants. Vous pourriez aussi trouver ces graines d'essences rares dans les arboretums, qui abritent certainement des individus déjà matures et productifs, mais à condition de vérifier au préalable que la collecte de graines y est autorisée. Vous ne perdrez rien à vous renseigner et éventuellement à établir un partenariat avec l'arboretum, surtout si votre projet sert aussi un objectif pédagogique.

Lors du **semis direct**, il faudra simplement veiller à protéger les graines des prédateurs éventuels, par exemple en entourant la zone d'un petit grillage, et aussi à dégager la zone semée des herbacées qui entreraient en compétition avec nos graines. La plupart des graines nécessitent une stratification par le froid de plusieurs semaines avant de germer. Dans ce cas, laissez-les pendant trois mois dans un sachet rempli de sable et légèrement humide au réfrigérateur, et semez-les au printemps. Si vous habitez dans une région suffisamment froide l'hiver, vous pouvez tout aussi bien les implanter dans la terre dès le début de l'hiver. Attention cependant aux petits prédateurs gourmands qui pourraient les faire disparaître !

RÉUSSIR SES PLANTATIONS

Si vous optez pour l'implantation de jeunes plants, choisissez de préférence des arbres à racines nues à implanter en hiver. Les racines qui ne sont pas entortillées dans un pot s'adapteront plus vite à votre terre et les arbres seront plus résistants.

Éliminez les herbacées dans un rayon de 1 mètre autour de la plantation, car leurs racines entrent en compétition avec celles du jeune arbre qui sont encore peu profondes. Vous pourriez également ajouter quelques pincées de sol forestier de surface autour de la plantation afin d'ensemencer votre terre avec le microbiote sain, vivant et diversifié d'une forêt mature.

De juin à septembre, les jeunes arbres peuvent souffrir de l'ensoleillement et de la sécheresse, ils devraient par conséquent être partiellement abrités du soleil grâce à la mise en place d'ombrières. Ils nécessitent un arrosage régulier en été mais, attention, mieux vaut arroser en profondeur une fois par semaine que réaliser un arrosage superficiel tous les deux jours !

LES ERREURS À ÉVITER : S'ÉPARPILLER

Une année ne fait pas l'autre, encore plus maintenant avec le bouleversement climatique alors il va falloir apprendre à bien observer le ciel, le sens du vent, les plantes, de quoi semblent-elles avoir besoin, qu'est-ce qui va nous tomber sur la tête, là j'ai une ouverture pour la récolte des pommes de terre avant le retour de la pluie… Réagir vite et de manière bien inspirée, c'est ce qui fera la différence entre la réussite et l'échec. Par exemple, une attaque de chenilles peut vous manger votre rang de chou en trois jours, si les haricots secs sont récoltés mouillés ils ne se stockeront pas bien, une nuit de gel sur les concombres et ils sont morts sans protection…

S'IMPLIQUER LOCALEMENT DANS LA SOUVERAINETÉ ALIMENTAIRE

Tendre vers l'autonomie alimentaire est une action sensée, utile et vertueuse, mais qui hélas peut se révéler insuffisante en cas de force majeur, de crise aiguë sur votre territoire qui amènerait la population à avoir faim. On imagine facilement les potagers être vandalisés (ce qui arrive déjà sans être dans une telle crise !) et même pillés, les animaux être volés, les greniers cambriolés... La véritable résilience se réfléchit donc à l'échelle de son territoire.

Le projet alimentaire territorial

Il existe un outil territorial permettant de dresser un diagnostic et des pistes d'actions : le projet alimentaire territorial.

QU'EST-CE QU'UN PROJET ALIMENTAIRE TERRITORIAL ?

« Les projets alimentaires territoriaux (PAT) sont élaborés de manière concertée à l'initiative des acteurs d'un territoire. Ils visent à donner un cadre stratégique et opérationnel à des actions partenariales répondant aux enjeux sociaux, environnementaux, économiques et de santé. L'alimentation devient alors un axe intégrateur et structurant de mise en cohérence des politiques sectorielles sur ce territoire. » (source : ministère de l'Agriculture et de l'Alimentation)

Prévus dans la Loi d'Avenir pour l'agriculture, l'alimentation et la forêt du 13 octobre 2014 (art. 39), les projets alimentaires territoriaux s'appuient sur un diagnostic partagé faisant un état des lieux de la production agricole et alimentaire locale, du besoin alimentaire du bassin de vie et identifiant les atouts et contraintes socio-économiques et environnementales du territoire.

Élaborés de manière concertée à l'initiative des acteurs d'un territoire, ils visent à donner un cadre stratégique et opérationnel à des actions partenariales répondant à des enjeux sociaux, environnementaux, économiques et de santé. L'alimentation devient alors un axe intégrateur et structurant de mise en cohérence des politiques sectorielles sur ce territoire.

QUELS SONT LES ENJEUX ?

Les projets alimentaires territoriaux* répondent à l'enjeu d'ancrage territorial mis en avant dans le PNA (Programme National pour l'Alimentation) et revêtent :

- **Une dimension économique :** structuration et consolidation des filières dans les territoires, rapprochement de l'offre et de la demande, maintien de la valeur ajoutée sur le territoire, contribution à l'installation d'agriculteurs et à la préservation des espaces agricoles.
- **Une dimension environnementale :** développement de la consommation de produits locaux et de qualité, valorisation d'un nouveau mode de production agroécologique, dont la production biologique, la préservation de l'eau et des paysages, la lutte contre le gaspillage alimentaire.
- **Une dimension sociale :** éducation alimentaire, création de liens, accessibilité sociale, don alimentaire, valorisation du patrimoine.

Cet outil peut donc vous aider à mieux cerner les atouts et points faibles de votre territoire en termes de souveraineté alimentaire. Il est également utile pour sensibiliser les populations et les élus sur le sujet, et porteur d'actions concrètes à mener pour développer cette souveraineté. Vous y investir en tant qu'habitant ou porteur de projet permet de vous faire entendre et de vous faire connaître des acteurs locaux qui travaillent sur le sujet et ainsi permettre des collaborations et des échanges. Renseignez-vous donc si un tel projet est en cours ou en projet et, si possible, tentez de vous y investir afin de participer à cette dynamique vertueuse.

Créer un groupe de travail au sein de sa commune

Les outils étatiques ne sont pas la seule réponse pour développer des initiatives localement. Voici quelques pistes :

- **Un outil de calcul de la résilience alimentaire de son territoire** vient d'être créé par l'association très dynamique *Les Greniers d'abondance* : il s'appelle CRATer (Calculateur de Résilience Alimentaire des Territoires) : crater.resiliencealimentaire.org. L'application génère automatiquement un rapport, qui présente un certain nombre d'indicateurs à différentes échelles, ainsi que plusieurs leviers d'actions permettant aux acteurs du territoire d'agir pour rendre son système alimentaire plus résilient. Cela ne se substitue pas à un vrai diagnostic de terrain, mais l'application permet de visualiser plusieurs grandes tendances, pour estimer de façon qualitative quelles sont les principales forces et vulnérabilités de son système alimentaire.
- La même association a édité **un livre sur le sujet de la résilience alimentaire,** complet

* Source : agriculture.gouv.fr/comment-construire-son-projet-alimentaire-territorial

et bien documenté, une bible pour tout acteur sur le sujet qui souhaiterait s'informer de l'état des choses et avoir accès aux informations pratiques pour commencer à agir : *Vers la résilience alimentaire. Faire face aux menaces globales à l'échelle des territoires* (éditions Yves Michel).

De nombreux groupes de travail se montent en ce moment même pour faire avancer les idées de la permaculture et de la résilience. Ils ont à leur disposition différents outils pour démarrer une démarche participative :

- **« La Fresque du climat » :** pour les novices comme les experts, « La Fresque du climat » permet de mieux comprendre les composantes du dérèglement climatique et son caractère systémique. C'est un atelier d'intelligence collective en 3 heures basé sur les rapports du GIEC (Groupe d'experts intergouvernemental sur l'évolution du climat) pour une rigueur scientifique indiscutable. Elle permet une approche ludique et créative pour un savoir à la portée de tous.
- **Les PDC (Permaculture Design Cours)** sont des stages intensifs de deux semaines pour apprendre et commencer à réaliser des designs via les principes de la permaculture, accompagné par un formateur certifié.
- **La méthode des Villes en Transitions :** inspiré des travaux de Rob Hopkins (voir ci-contre), vous trouverez une documentation très dense sur des méthodes pour engager une transition de votre territoire vers plus de résilience alimentaire, plus de liens, moins de consommation énergétique.

ZOOM SUR

LE MOUVEMENT DE TRANSITION

Ce mouvement est né en Grande-Bretagne en 2006 dans la petite ville de Totnes. L'enseignant en permaculture Rob Hopkins avait créé le modèle de Transition avec ses étudiants à Kinsale (Irlande) un an auparavant. Il y a aujourd'hui plus de 2 000 initiatives de Transition à travers le monde, dans 50 pays, dont 150 en France, réunies au sein du réseau International de la Transition. Il s'agit d'inciter les citoyens d'un territoire (bourg, quartier d'une ville, village…), à prendre conscience, d'une part, des profondes conséquences que vont avoir sur nos vies la convergence du pic du pétrole et du changement du climat et, d'autre part, de la nécessité de s'y préparer concrètement. Il s'agit de mettre en place des solutions fondées sur une vision positive de l'avenir et qui visent à :

- Réduire fortement, individuellement et collectivement, la consommation d'énergie d'origine fossile et nos émissions de CO_2.
- Renforcer la résilience de nos territoires et leur capacité à absorber les chocs à venir par une relocalisation de l'économie (alimentation, énergies renouvelables…).
- Renforcer les liens, les solidarités et la coopération entre l'ensemble des acteurs du territoire.
- Acquérir les compétences qui deviendront nécessaires au renforcement de notre autonomie.

S'investir dans une AMAP

C'est une action réellement significative pour la transition agroécologique. Pour l'avoir expérimenté en tant qu'Amapienne, puis présidente d'une AMAP et enfin maraîchère en AMAP, ce contrat producteur-consommateur est un vrai soutien au producteur qui bénéficie d'une avance de trésorerie pour l'année et d'une garantie de revenu. Pour l'Amapien, c'est une découverte, porteuse de sens et enclenchant une réelle transition alimentaire, ainsi on devient consomm'acteur.

Cela nous réapprend à vivre au rythme des saisons, à être solidaire des bouleversements climatiques – car tant que cela ne nous touche pas de près on a dû mal à le réaliser –, à être au plus près du terrain afin de se reconnecter au vivant à travers les chantiers participatifs et autres visites sur place. Cet échange entre les paysan(ne)s et les citadins relance un lien qui avait été coupé entre ville et campagne, entre les métiers de la terre et nos métiers hors-sol.

Des associations qui recrutent

Pour avoir été bénévole, salariée et avoir présidé une association, je ne peux que témoigner de l'importance de chaque soutien qui peut leur être apporté. Les associations se battent avec des bouts de ficelle, de la bonne volonté et des idées fortes, puissantes, qui encouragent la créativité et nous font vivre des expériences inoubliables de cohésion sociale, de collaboration et d'espoir. Pourtant les moyens ne sont pas là, alors si vous avez l'occasion de soutenir, rejoindre, accompagner une association proche de chez vous ou à l'autre bout de la France, n'hésitez pas !

*Slow Food** est une association que j'ai rejointe en 2011, je n'en avais presque pas entendu parler avant, pourtant elle est présente dans plus de 160 pays et comptabilise plus de 100 000 adhérents. L'association fonctionne par convivium répartis dans chaque pays, cela permet de rejoindre celui le plus proche de chez soi et d'être donc dans une logique territoriale. Les actions menées défendent les principes fondateurs de *Slow Food* lancée en 1980 par Carlo Petrini et un groupe d'activistes, journaliste italien qui s'était insurgé de l'ouverture d'un nouveau McDonald's à Rome : défendons le BON, PROPRE et JUSTE. Et s'il n'y a pas encore de convivium dans votre région, n'hésitez pas à lancer la dynamique !

* slowfood.fr

21 ACTIONS POUR L'AUTONOMIE ALIMENTAIRE DE SA COMMUNE

CLAIRE MAUQUIÉ

Les forêts comestibles publiques

Pendant trois ans à Taïwan, j'ai travaillé au cœur d'une ville de 400 000 habitants en tant que chargée de projet « forêts comestibles publiques ». Au fil des activités et des ateliers que j'ai animés sur nos différents sites, j'ai rencontré beaucoup de gens et j'ai pu observer à quel point ce type de projet répond à de nombreuses attentes. Celles des retraités et des personnes sans emploi qui s'ennuient. Celles d'étudiants engagés, de parents concernés et d'écoliers enthousiastes. Celles des élus de la ville en charge de l'élaboration de programmes d'éducation à l'environnement ou de la réduction de l'empreinte carbone des villes. Celles de différentes associations ou entreprises qui cherchent à investir du temps et de l'argent dans des projets qui ont du sens.

J'ai vu des visages s'éclairer lors d'ateliers de fabrication de dentifrice naturel, des yeux pétiller lorsque je guidais des cueillettes de plantes aromatiques pour réaliser des boissons pétillantes naturellement fermentées, des rires éclater lors de séances de hachage d'épluchures de fruits et de légumes récupérées au marché pour fabriquer du sol nourricier. Beaucoup de joie, d'espoir et de vocations naissent sur de tels espaces, sièges de la transmission des savoirs et de création de liens sociaux à l'échelle du quartier.

En l'espace de trois ans, nous avons conçu quatre forêts comestibles dans différents quartiers de la ville de Hsinchu. Ce sont des lieux qui sont avant tout esthétiques pour garantir l'adhésion de la municipalité et de tous les habitants du quartier. Ils ont non seulement une fonction de production alimentaire et d'îlot de biodiversité, mais surtout ce sont des espaces d'éducation populaire où les gens peuvent se rencontrer et échanger.

Nous avons organisé un bon nombre d'activités et d'ateliers pédagogiques pour sensibiliser le grand public, la collectivité, les scolaires et les associations de quartier à ce concept. Des réseaux de volontaires se sont formés pour assurer la maintenance des forêts et se partager les récoltes. Aujourd'hui, les habitants gèrent ces sites de façon autonome, et les scolaires les visitent régulièrement car c'est l'occasion pour eux de mettre les mains dans la terre et de participer à des activités de plantation. Au sein d'une commune, ce type de projet est un point de convergence pour tous les acteurs locaux, qui symbolise leur engagement vers l'autonomie alimentaire de leur territoire.

L'agora d'agriculture urbaine : rayonner les bonnes pratiques à l'échelle de la commune

De retour en France, j'ai pris conscience que le chemin vers l'autonomie alimentaire ne se réalise pas seul. Je m'investis sur un projet similaire dans la ville de Cahors, où j'ai également constaté beaucoup d'attentes chez certaines personnes, souhaitant créer une société plus durable et résiliente, sans savoir par où commencer, sans avoir encore pris conscience de l'étendue de leurs compétences. Avec la toute jeune association *Autonomie Alimentaire Cahors* et avec le soutien de la mairie, nous sommes en train de créer une agora d'agriculture urbaine sur l'espace public, en plein cœur de la ville. Sur cet espace, les gens pourront se rencontrer, se former, échanger les bonnes pratiques en matière d'autonomie alimentaire et de permaculture, puis les essaimer dans tous les coins et recoins de la commune et des villages environnants.

Nous avons tout à gagner à créer des synergies entre les différents acteurs de la commune, à mettre en symbiose les différentes compétences des uns et des autres pour cocréer ensemble au service de notre objectif. C'est comme dans notre corps : nous sommes en bonne santé lorsque les bactéries et autres micro-organismes de notre microbiote sont en symbiose. Nous sommes malades lorsque ceux-ci sont en dysbiose. Comme tous ces microbes utiles, en coopérant tous ensemble nous œuvrons pour une société en bonne santé.

Les Incroyables Comestibles

Il existe déjà plein de superbes initiatives, à l'image du mouvement des *Incroyables Comestibles*, né en 2008 dans la petite ville anglaise de Todmorden. Depuis, le mouvement s'est répandu dans plusieurs pays et en particulier dans plus de 800 communes françaises. Cela consiste à installer des bacs de nourriture à partager devant chez soi, sur l'espace public. Cette initiative citoyenne pour participer à la résilience alimentaire de sa commune a rencontré un vif succès ! Des mairies, comme la Ville de Paris, ont par la suite soutenu ce mouvement en instaurant des mesures comme le permis de végétaliser.

Cet exemple nous montre comment, à partir d'une dynamique individuelle et citoyenne, on peut bâtir un nouveau territoire avec un modèle économique local et résilient !

21 actions vers une symbiose collective

En s'inspirant du modèle des *Incroyables Comestibles*, l'université francophone de l'autonomie alimentaire a proposé une feuille de route avec 21 actions pour aller vers l'autonomie alimentaire de son territoire : des pépinières citoyennes, des circuits comestibles pédagogiques, des composts collectifs, des formations semis ou ateliers permaculture, des supermarchés coopératifs, des agoras d'agricultures urbaines, des forêts comestibles publiques...
Des groupes thématiques pour chacune des actions ont été créés sur les réseaux sociaux, ainsi que des groupes nationaux, régionaux et locaux pour permettre aux gens intéressés de se rencontrer région par région, commune par commune.

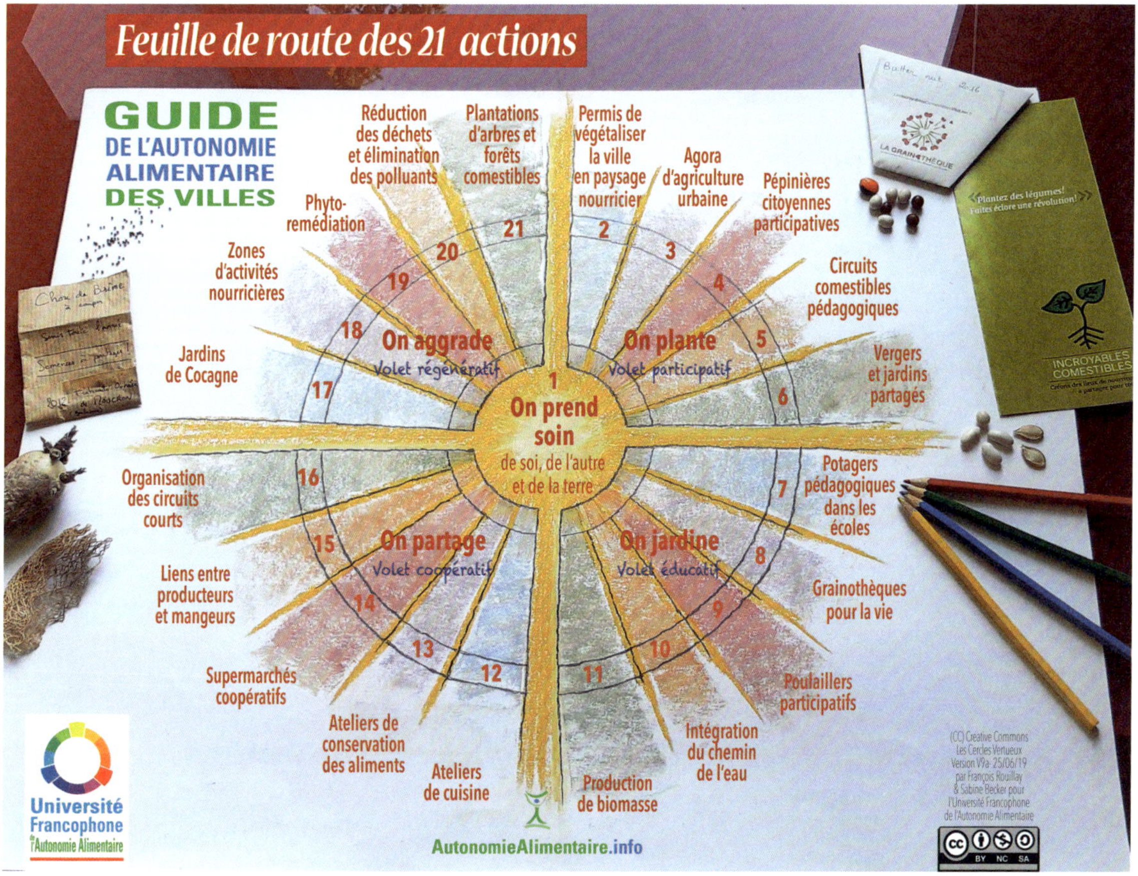

Feuille de route des 21 actions

Ainsi, plus de 20 000 personnes se sont déjà regroupées dans le groupe « Autonomie Alimentaire France », plus de 5 000 dans le groupe « Plantation d'arbres et forêts comestibles », et ainsi de suite. De mon côté, j'ai créé les groupes « Autonomie Alimentaire Lot » et « Autonomie Alimentaire Cahors » alors que je ne connaissais encore aucune personne intéressée par cette thématique dans le département. En quelques semaines seulement, les groupes regroupaient plus d'une centaine de personnes et nous pouvions passer à l'action ensemble au travers d'activités concrètes, comme le projet d'agora d'agriculture urbaine !

Et ça commence par soi !

Si chaque individu de la communauté s'implique sur une, deux ou trois de ces actions, en fonction de ses envies et de ses compétences, on peut imaginer créer ce nouveau modèle, durable, résilient, moteur d'une économie locale et circulaire. En tant que citoyenne, je pratique moi-même au quotidien des actions pour cette autonomie : cueillette sauvage, glanage, plantation de mon jardin-forêt. À l'échelle supérieure, je suis engagée au sein d'un collectif dans la ville la plus proche, Cahors, pour construire et animer cette agora d'agriculture urbaine qui permettra d'accélérer les échanges en matière de bonnes pratiques de permaculture. Pour la commune, il s'agit d'apporter des réponses efficaces aux enjeux actuels en termes de sécurité alimentaire en encadrant et en soutenant ces initiatives citoyennes, tout en faisant le lien avec les producteurs locaux.

Des dizaines de villes francophones, telles que Saint-Pierre-de-Frugie (Dordogne), Dompierre-sur-Yon (Vendée) ou Saint-Bruno-de-Montarville (Québec), s'appuient déjà sur cette feuille de route aux 21 actions afin de devenir des villes nourricières. De même pour les départements et les régions qui viennent coordonner les différentes actions favorisant la production alimentaire autonome du territoire.

Êtes-vous prêt à devenir acteur à part entière du monde que vous souhaitez construire ?

S'IMPLIQUER POUR TOUT CHANGER

STÉPHANIE MAUBÉ, MAIRE DE LESSAY

Au printemps 2020, j'ai eu la chance d'être élue maire de ma commune. Cette prise de fonction ne correspond pas à un engagement municipal de longue date, mais n'est pas non plus due au hasard. Quatre mois avant l'élection, je déplorais qu'une seule liste se présente au vote des électeurs, les privant donc de choix. Dans une collectivité de 2 300 habitants, il me semblait pourtant crédible de réunir 25 citoyens prêts à mettre leur énergie et leurs compétences au service de l'intérêt général ! À travers ce projet, j'ai entrevu la possibilité d'accéder à un nouveau levier pour influer sur le monde agricole, avec la gestion des espaces naturels comme la lande ou le marais, la répartition du foncier, le soutien aux projets d'installation vertueux plutôt qu'aux agrandissements intensifs… D'une certaine manière, j'ai appréhendé la structure communale comme « l'outil » juste au-dessus de l'exploitation agricole individuelle.

Au même moment paraissait un livre que j'ai coécrit avec le journaliste Yves Deloison (*Il était une Bergère* – éditions Le Rouergue) que nous avions articulé comme une enquête autour de la question suivante : puisque les consommateurs et les paysans veulent changer leur agriculture, pourquoi cette dernière est impossible à faire évoluer ? Quels sont les freins, visibles ou invisibles ? Après de nombreuses rencontres d'institutionnels (Région, ex-ministre, sociologue, syndicats…) et analyse du système, notre conclusion n'était pas optimiste. Nous avons abouti au constat que le paysan ne peut pas maîtriser son propre destin ni sa filière.

Une carte de visite efficace…

À la lumière de ce constat amer, comment continuer à travailler comme simple bergère dans mon coin ? Je me suis questionnée : puis-je réellement influer sur la survie de la paysannerie avec comme seuls outils ma petite exploitation et les réseaux sociaux ? Ces derniers aident bien sûr à véhiculer des idées et je les utilise beaucoup. Mais au regard du combat très concret à mener, publier des photos de moutons et des argumentaires passionnés, cela ne pèse pas lourd ! Il m'a paru impensable, voire irresponsable, de ne pas tout faire pour acquérir légitimité et visibilité grâce à un mandat municipal.

La fonction d'édile est un défi surprenant et total ! La polyvalence requise y est encore plus démesurée que dans le métier agricole, où il faut déjà être multitâche : vétérinaire, mécano, commercial, paysagiste, artisan, livreur, bûcheron, gestionnaire, météorologue… Chaque matin, je mesure ma chance que l'équipe de candidats et les habitants m'accordent leur confiance.

… mais hors sujet

Les sujets agricoles qui nous sont soumis sont rares… car les communes ne peuvent officiellement pas s'impliquer dans cette thématique ! Le foncier relève du droit privé, et l'autorisation d'exploiter est accordée par les services administratifs sur dossiers instruits par la Chambre d'agriculture et des commissions complexes (composées de syndicats, banques…). Personne ne demande son avis à la mairie ! L'étage du dessus, la Communauté de Communes, gère pourtant la compétence Environnement, alors on pourrait s'imaginer que… ? Mais non, son avis n'est pas sollicité non plus. La strate du dessus est le Département : a-t-il son mot à dire ? Toujours pas ! C'est le niveau encore au-dessus, le Conseil régional, qui possède la compétence agricole. Et là, on est dans de la vraie politique politicienne : des partis, des élus inaccessibles, des tonnes de techniciens et de directeurs, plusieurs départements à gérer et des décisions prises dans des hauteurs bien loin de la réalité locale.

Une seule fois, un dossier agricole nous a été soumis : il s'agissait de la demande d'agrandissement d'une ferme intensive, qui montait à 200 vaches laitières (450 bovins au total). Ces énormes fermes ayant un impact environnemental avéré, le Préfet a lancé une consultation publique dans laquelle les habitants comme les conseils municipaux pouvaient s'exprimer en émettant un avis favorable ou défavorable. Avis qui n'était que consultatif ! Nous avions là l'exemple parfait de tout ce que je dénonce dans l'agriculture, ce qui justifie précisément mon engagement, et j'ai découvert que je n'avais pas la main pour influer dessus : une exploitation démesurée, des vaches qui ne sortent presque pas des bâtiments, de la monoculture de maïs qui défigure les paysages, sur une zone humide, en zone vulnérable, dans un bassin-versant, à proximité d'une lande classée Natura 2000 – la totale des dispositifs de protection qui devraient suffire à empêcher ce projet. J'ai pleuré de rage et d'impuissance en découvrant que la commune qui subit les inquiétantes conséquences de cette décision n'avait pas son mot à dire.

Aimer son prochain rend inventif

Ce que je découvre aussi, c'est que l'amour de l'autre est le carburant principal du maire ! Exactement comme le paysan, qui ne saurait travailler correctement sans une énorme dose d'amour à donner aux citoyens quand il les nourrit avec des produits de qualité.

Au-delà de la déception de ne pouvoir agir directement sur l'agriculture, je peux construire des projets indirects. Pas toute seule bien sûr, car une orientation se prend en Bureau municipal, avant d'être soumise au vote du Conseil. Je dois donc développer des arguments solides, débattre, convaincre et donner envie aux élus et aux agents de me suivre.

Nous travaillons évidemment sur la cantine scolaire, mais aussi sur la création d'un petit troupeau de moutons qui serait géré par les citoyens volontaires et servirait d'outils d'entretien comme d'acteur pédagogique et identitaire pour les habitants. Nous élaborons une politique de fleurissement plus durable, économe en eau et en interventions humaines, avec des plantes locales voire sauvages. Nous avons commencé à parler de jachères fleuries, ruches de biodiversité, épicerie itinérante pour les villages. Nous replantons des haies sur talus. Enfin, nous avons créé un marché de producteurs plutôt prometteur, point de convergence entre les habitants et les paysans, dont ils méconnaissent souvent le travail.

Le chemin est long mais je dispose d'un mandat de six ans pour faire évoluer la perception agricole, paysagère, gastronomique et environnementale que les habitants ont de leur propre territoire. J'ai confiance.

CONCLUSION

En guise de conclusion, je souhaiterais rappeler ce qui nous réunit tous, je pense, autrices sur cet ouvrage comme vous, lecteurs. Selon moi, notre premier moteur pour changer les choses, nous changer, nous engager et trouver la force nécessaire, c'est l'amour. L'amour de l'autre, l'amour de soi, l'amour du beau, l'amour du bon, l'amour porté au monde, autant qu'il nous porte. Car après tout, notre arrivée sur Terre est le fruit d'un de ces gestes d'amour, la réunion de deux cellules attirées l'une par l'autre. Et aujourd'hui cette merveilleuse création qu'est l'humanité est en péril.

Mais voilà, la vie étant bien faite, nous avons encore l'occasion, infime mais bien concrète, d'écrire un nouveau récit collectif pour le monde de demain, un monde que l'on souhaite plus durable, et en harmonie avec le vivant. Et ce récit s'écrit de vos mains. Stéphanie, Claire et moi-même l'écrivons au quotidien, à travers nos actions, les idées que nous portons et notre motivation qui ne faiblit pas. Malgré les éventuelles difficultés rencontrées, ce sont autant d'occasions de se transcender et d'évoluer, dans les principes de la permaculture, avec résilience et une stratégie de petit pas. C'est pourquoi nous nous sommes embarquées joyeusement dans cet ouvrage qui, pour nous, représentait une action porteuse de sens. Nous portons chevillées au corps et au cœur des pistes de solutions pour créer un mieux-vivre ensemble, sur nos territoires ruraux, avec ce que nous sommes, et nous avions envie de vous les partager.

À travers ce livre, nous espérons vous avoir apporté du courage supplémentaire à votre transition en maturation, donné l'aperçu manquant à votre réflexion et montré le champ des possibles qui s'ouvre à vous. Ainsi, nous espérons vous voir rejoindre les troupes des joyeux permaculteurs, cueilleurs sauvages, éleveurs militants et jardiniers amoureux. Alors, à vos grelinettes et vos cuillères en bois, à vos paniers d'osier et vos tondeuses à laine, l'Histoire s'écrit déjà !

CARNET D'ADRESSES

Pour prolonger la lecture de ce livre, voici une liste de sites web utiles ainsi que les liens pour retrouver les autrices sur les réseaux sociaux et découvrir leurs activités.

Les autrices

LINDA BEDOUET

- **Instagram :** @Lindabedouet
- **Facebook :** www.facebook.com/lesjardinsdhayden

STÉPHANIE MAUBÉ

- **Ferme La Cotentine Moderne**
(troupeau pâturant dans les prés-salés à Saint-Germain-sur-Ay)
Siège social et boutique collective :
6, rue de la Sainte-Croix
50430 Lessay
Site web : www.lacotentinemoderne.fr
Courriel : stephaniemaube@gmail.com

- **Marque collective de fil à tricoter 100 % normand** à base des races locales (Avranchin, Cotentin et Roussin de la Hague)

Laines à l'Ouest
6, rue de la Sainte-Croix
50430 Lessay
Site web : www.lainesalouest.fr
Courriel : lainesalouest@gmail.com

CLAIRE MAUQUIÉ

- **Blog personnel :** foodforestlab.com
- **Facebook :** www.facebook.com/claire.mauquie
- **Groupe Facebook Forêts comestibles publiques** : www.facebook.com/groups/246286963089182
- **Groupe Facebook Autonomie Alimentaire Lot** : www.facebook.com/groups/3191841467544723

Sites web

- **L'Âge de faire** (mensuel qui relaie les initiatives visant une réappropriation citoyenne de l'économie, la création de lien social et un mode de vie plus écologique) : lagedefaire-lejournal.fr
- **Agrosemens** (semences biologiques et biodynamiques) : www.agrosemens.com
- **Association Potage et Gourmands** (conservatoire de semences) : potage-et-gourmands.fr
- **Association Kokopelli** (semences biologiques) : kokopelli-semences.fr/fr/
- **La Forêt Gourmande** (centre de recherches, de promotions des jardins-forêts et autres écosystèmes comestibles de climat tempéré) : foretgourmande.fr
- **Germinance** (semences biologiques et biodynamiques) : www.germinance.com
- **Maraîchage Sol Vivant** (association de maraîchers lancés dans une démarche d'agriculture de conservation) : www.maraichagesolvivant.fr
- **Safer** (Sociétés d'aménagement foncier et d'établissement rural) : www.safer.fr/
- **Semailles** (semences biologiques) : www.semaille.com
- **Semences du Puy** (vente de graines d'arbres, d'arbustes et de plantes) : www.semencesdupuy.com
- **Slowfood** en France (mouvement international militant pour une alimentation bonne, propre et juste pour tous) : slowfood.fr
- **Terre de Liens** (mouvement visant à préserver les terres agricoles, faciliter l'accès des paysans à la terre et développer l'agriculture biologique et paysanne) : terredeliens.org
- **Transrural initiatives** (revue d'information sur le monde rural) : www.transrural-initiatives.org
- **Université Francophone de l'Autonomie Alimentaire** (structure qui propose des outils efficaces pour atteindre l'autonomie alimentaire) : www.autonomiealimentaire.info
- **Ver de Terre production** (organisme proposant des formations à l'agroécologie et aux pratiques régénératrices) : www.verdeterreprod.fr

INDEX

M

N

O

P

CRÉDITS PHOTOGRAPHIQUES

Couverture : Shutterstock

pp. 9 : Clément Couturier, **11 :** Carl Falaise, **13 :** Claire Mauquié, **15 :** Sandrine Boudignon, **16 :** Linda Bedouet, **21 :** Kiran Nowbuth,. **24 :** Kiran Nowbuth, **27 :** Mélanie Antin, **34 :** Mélanie Antin, **39 :** Mélanie Antin, **40 :** Mélanie Antin, **41 h :** Mélanie Antin, **41 b :** Kiran Nowbuth, **42 h :** Mélanie Antin, **42 b :** Mélanie Antin, **47 :** Kiran Nowbuth, **51 :** Mélanie Antin, **52 :** Mélanie Antin, **55 :** Shutterstock, **56 :** Kiran Nowbuth, **60 :** Linda Bedouet, **61 :** Mélanie Antin, **62 :** Mélanie Antin, **64 :** Mélanie Antin, **66 :** Linda Bedouet, **67 :** Linda Bedouet, **68 :** Linda Bedouet, **69 h :** Mélanie Antin, **69 b :** Mélanie Antin, **70 h :** Alexandre Petzold/Rustica, **70 b :** Mélanie Antin, **71 h :** Mélanie Antin, **71 b :** Mélanie Antin, **72 :** Mélanie Antin, **78 :** Claude Hubert, **83 :** Mélanie Antin, **85 :** Franck Boucourt/Rustica, **86 :** Mélanie Antin, **87 :** Christian Hochet/Rustica, **88 :** Virginie Quéant/ Rustica, **91 :** Claude Hubert, **92 :** Claude Hubert, **94 g :** Christian Hochet/Rustica, **94 d :** Linda Bedouet, **95 :** Christian Hochet, **96 :** Claire Mauquié, **99 :** Claire Mauquié, **104 :** Claire Mauquié, **105 :** Claire Mauquié, **108 :** Julien Planès, **109 :** Claire Mauquié, **110 :** Claire Mauquié, **111 :** Claire Mauquié, **112 g :** Claire Mauquié, **112 d :** Claire Mauquié, **113 :** Claire Mauquié, **114 g :** Claire Mauquié, **114 d :** Claire Mauquié, **115 :** Claire Mauquié, **116 :** Kiran Nowbuth, **121 :** Mélanie Antin, **122 :** Linda Bedouet, **123 :** Mélanie Antin, **125 :** Mélanie Antin, **126 :** Mélanie Antin, **127 g :** Linda Bedouet, **127 d :** Linda Bedouet, **130 :** Kiran Nowbuth, **133 :** Mélanie Antin, **135 :** Mélanie Antin, **137 :** Kiran Nowbuth, **138 :** Mélanie Antin, **141 :** Kiran Nowbuth, **144 :** Mélanie Antin, **149 :** Mélanie Antin, **151 :** Claire Mauquié, **152 :** Fabrice Desjours, **153 :** Fabrice Desjours, **161 h :** Fondation Wutong, **161 b :** Claire Mauquié, **163 :** Université francophone de l'autonomie alimentaire, **167 :** Claude Hubert, **168 :** Kiran Nowbuth, **170 :** Stéphanie Maubé.

ILLUSTRATIONS

Michel Sinier : pp. 33, 59, 67.
Shutterstock : motifs.

Direction : Guillaume Pô
Direction éditoriale : Élisabeth Pegeon
Édition : Frédérique Chavance
Direction artistique : Julie Mathieu
Création graphique et mise en pages : Jennifer Faisant
Direction de fabrication : Thierry Dubus
Suivi de fabrication : Marie Dubourg

Photogravure : SNO

1re édition – N° édition : R21087
ISBN : 978-2-8153-1776-4
Code MDS : RU17764

FSC www.fsc.org MIXTE Papier issu de sources responsables FSC® C007507

Ce livre est imprimé avec des encres à base végétale et est composé de matériaux issus de forêts bien gérées, certifiées FSC® et d'autres sources contrôlées. Par le choix de ses fournisseurs et par ses actions quotidiennes, les Éditions Rustica s'engagent à diminuer son impact environnemental.

Achevé d'imprimer en mars 2021 par Graphycems (Espagne)